破局思维

Edge

Turning Adversity into Advantage

赢家如何想问题

[美] 黄乐仁（Laura Huang）- 著

彭欣悦 - 译

中信出版集团 | 北京

图书在版编目（CIP）数据

破局思维：赢家如何想问题 /（美）黄乐仁著；彭欣悦译 . -- 北京：中信出版社，2021.4（2021.8重印）

书名原文：Edge: Turning Adversity into Advantage

ISBN 978-7-5217-2431-8

Ⅰ . ①破… Ⅱ . ①黄… ②彭… Ⅲ . ①金融投资－通俗读物 ②成功心理－通俗读物 Ⅳ . ① F830.59 ② B848.4-49

中国版本图书馆 CIP 数据核字（2020）第 256825 号

破局思维：赢家如何想问题

著　　者：[美] 黄乐仁
译　　者：彭欣悦
出版发行：中信出版集团股份有限公司
（北京市朝阳区惠新东街甲 4 号富盛大厦 2 座　邮编　100029）
承 印 者：北京诚信伟业印刷有限公司

开　　本：880mm × 1230mm　1/32　　印　　张：8.75　　字　　数：176 千字
版　　次：2021 年 4 月第 1 版　　印　　次：2021 年 8 月第 2 次印刷
京权图字：01-2020-2169
书　　号：ISBN 978-7-5217-2431-8
定　　价：59.00 元

献给 A 和 L

目录

第二部分　予人欢喜

第三部分　善于引导

序 被埃隆·马斯克拒绝之后……

前阵子，我同事向我提起一个人，说这个人跟埃隆·马斯克有过一次面对面的交流。埃隆·马斯克就是那位创立了特斯拉和太空探索技术公司（SpaceX）的著名企业家。和他见上一面可不容易，要知道，宾夕法尼亚大学沃顿商学院是他的母校，他都对自己的母校讲，一年打电话联系他的次数不要超过一回。言下之意，可能就是不联系最好。马斯克的身家约 202 亿美元，这么一算，即便是保守估计，他度过的每一分钟都价值数千美元。

我同事讲的这个故事之所以有看头，不是因为一个不起眼的小人物跟这位大企业家见了一面，而是因为这次会面不到 30 秒就戛然而止。据我同事描述，埃隆瞧了一眼来访者，然后说："不用见了。请回。"

可想而知，接触到像马斯克这样身份的人有多不容易。（即便有机会接触，他们也不见得会倾听你的想法。）这则逸事也突出了一点：手握财富和权势的人态度明确、直来直往，他们只看得见有利于自身事业发展的人、事、物。也可以看出来，像马斯克这样身份和地位的人，他们指缝里流过的时间、手上掌握的资源皆是宝物，受到严密保护。普通人基本接触不到这些大人物，更别提见上一面并从中获益了。

我同事讲完这个故事后又补充了一句："随它了，我也不确定这是不是真事儿。"

我说："确有其事。"我之所以这么肯定，是因为故事中被埃隆·马斯克请出办公室的那个人就是我。

• • •

和埃隆见面实属偶然。不久前，埃隆应邀前往一所高校的毕业典礼发表演讲，我朋友拜伦（Byron）正好坐在观众席。典礼结束后，他穿过层层人群来到埃隆面前，并拿到了这位亿万富翁的联系方式。故事就此开场。拜伦很热心，邀请我和他一起去见埃隆。于是我们择日拜访了太空探索技术公司，走进一间会客室等待和埃隆见面。

拜伦知道我一直在研究私营航天领域的初创公司。这个行业巨头林立，除了波音公司和洛克希德·马丁公司，还有美国政府和美国国家航空航天局（NASA）参与其中。在强者如云的战场，众多初创公司面临何种挑战、它们如何在市场上分得一杯羹，都是我一直在研究的课题。[1] 埃隆对于私人太空旅行的未来发展有不少想法，他畅想把普通人送上地球亚轨道飞行（“普通人”指的是有能力花 20 万美元搭乘航天飞机实现太空旅行的人），带他们体验 3～6 分钟的失重感，亲眼看看宁静深邃而非星光闪烁的太空，一览苍穹之下我们居住的这颗蓝色星球的概貌。就这些想法，我和拜伦都打算在见到埃隆时和他畅谈一番。我俩都明白这次机会多么宝贵，所以准备得十分周全，全力以赴做了前期调研。有关太空探索技术公司和私营航天领域的发展，我和拜伦做足了功课。关于埃隆的个人经历和故事，我们也如数家珍。我俩做了完备的调研后列出了许多问题想和他探讨，自认为都是不失睿智的提问。我们还预设了不少具体的话题，对他可能提及的时事热点也想好了应答方向。至于他的整个商业版图，不仅包括刚提到的太空探索技术公司，还有特斯拉、贝宝（PayPal）和超级高铁（Hyperloop），这些业务涉及的方方面面我和拜伦都备好了独家视角加以剖析。我们甚至想到了一些好主意，能帮助埃隆的事业更进一步。另外还给他准备了一份礼物。见埃隆前的功课，我们做得滴水不漏。

可千辛万苦到头来都是白费力气。记得我开头说的吗？我们被他请出办公室了（也算不上一个办公室，就是他们公司开放式办公区域小角落边上的一个隔间）。

不过，我同事讲的故事并没有就此结束，反而是从这儿开始。当时，埃隆确实请我们离开会客室，但意外发生后我和拜伦迅速镇定下来，扭转了局面。本来可能 30 秒就灰溜溜离开的一次会面，我们聊了足足一小时，真是令人振奋。

• • •

确实，埃隆见到我们之后说的第一句话就是“不用见了”。当时我们碰了面，各自坐下，他又打量了我俩一番，紧接着回了句“不用见了”。听到这话，我就蒙了，一脸茫然地看着他问：“不见了？”他又答了一遍：“对，不用见了。”之后就开启了送客模式。

这状况真叫人摸不着头脑，不禁纳闷：“搞什么呀？”但我突然间发现埃隆的注意力不在我和拜伦身上，而是看向了拜伦手里拿的东西，也就是我们给他准备的那份礼物。

我明白了，埃隆并不知道我俩是学者！他把我们当成了上门推介项目的创业者，而拜伦手上拿的礼物被误认为是我们要推介的产品原型。他觉得这两个“创业者”对他有企图，可能想得到他的认可、投资，或者任何形式的帮助。这种设定之下，他给出的当然是否定答案。想想看，埃隆向来站在被索取的位置，许多人有求于他，那么他下意识的反应当然是拒绝。就算是有头有脸、有充分理由向他开口求助的人，他都可能拒之门外，更别提坐在他面前这两位看似不足为道的来访者了。

如果任由局势发展，这次见面我俩注定铩羽而归。幸好，我出其不意地把埃隆逗笑了。

其实也不是什么特别的举动，我也没有事先编排什么情节，我只是听了他那句“不用见了”之后，没忍住笑出了声。他可能预想我会不失礼节地点点头，接受现状，然后起身离开。但我这一笑，反倒让他顿了一顿。我一边笑一边连声说：“你以为我们是来给你推介项目的？（我没忍住又笑了。）我们不要你投钱或者其他什么，好像你家有矿似的！”

我的反应完全出乎他的意料。这回轮到埃隆忍不住朝我笑了起来①，他意识到我们对他并无企图（起码不是要他掏腰包投钱，或给他自己想象出来的“我司产品”代言）。我俩的应对让埃隆迅速转变态度，不至于被他扫地出门。

事实上，会面非常顺利。[2] 我们有说有笑，时而争辩，时而高谈阔论，结束时气氛就像是老友见面。（好吧，可能算不上，不过结束时埃隆确实给了我个拥抱。）

临走前，埃隆递过来一张名片，上面印着太空探索技术公司运营负责人的联系方式。他说有关我目前从事的研究，那位同事了解得更为详细，能给我们提供更多信息。埃隆还悉数推荐了他觉得能为我们所用的各类资源和人脉关系。

为何我们能扭转局面，并让埃隆转变态度？

因为赢得了转机。在这个全美富甲一方、叱咤风云的男人面前，我们成功地化逆境为机会。

① 我不明白为何埃隆会看着我发笑。不过有相关研究表明，当人们摸不透你的心思时，他们就会模仿你的行为举止，于是就有了这一幕。

何谓“转机”？赢得转机意味着得到了有利条件，但这个词的含义远不止于此。旁人对你总有这样那样的看法，有好有差、有对有错，我们首先要意识到这点。如果你能充分认识这些看法和观点产生的巨大影响力，并让它们为你所用，你就创造出了转机。

总有人能把握先机，他们似乎有种与生俱来的优势，总能快人一步实现目标，并且表现得出类拔萃。原因何在？因为他们懂得借力前行。他们迈向成功的旅程总是一帆风顺，功名利禄往往触手可及。

这样的好事也许会落在你头上，但多数时候，尤其是在举足轻重的关头，事情并不会这样一帆风顺。

赢得转机意味着即使没有天赐良机，你也能在富有挑战但关系重大的时刻，自己创造出有利条件，扭转局面。

世上有两件事，人们往往容易低估：

1. 一个局外人想要跨进一扇门有多么难（不论你对“局外人”作何定义）；
2. 你走进向你敞开的这扇门后，路有多么宽。

全书就是围绕这两点展开的。你可以为自己创造转机，再把这世上能引领你通向宽广未来的大门一一打开。

赢得转机至关重要。有时，你可能需要边应对挑战边寻找转机，例如参加项目推介会、求职面试，或是发表公众演讲。你更应在考虑事业长远发展时，在战略层面运用好这一思维，找到转机。不可否认，结构性不平等、偏见等问题在现实中的确存在。我们也必须承认，在关乎成败的紧要关头，这些限制发挥着极为重要的作用。本书将带大家拓宽视野，无须羡慕那些手上本就握着机会的人，我们将一起探讨如何利用转机冲破性别、种族、民族、年龄和财富阶层的限制，把握发展机遇的同时又不被上述因素左右。任何人都可能身陷困境，若能在此情境中创造转机，则意味着我们能把阻力转化为个人资产，即具备“化逆境为顺境”的能力。

• • •

回顾我的整个职业生涯，我一直在研究遭受轻视和身陷困境的人。[3] 他们中有拉不到投资的创业者，有久久得不到晋升的职场人[4]，也有因遭受不平等对待而把性命丢在急诊室的患者[5]……人们判定他人个性如何、能力强弱时，是如何判断并对此进行归因，这是我研究的内容。[6] 相较于看数据说话，我探究的是软因素[①] 如何驱使个人和公司做决定、下结论。这些软因素包括个性、待人接物的方式，他人是否认为你值得信赖、热情洋溢、做事尽心尽力，等等。这项研究工作也很好地帮助我充分了解自身的成长经历。我出生在一个普通的移民家庭，以前常被人瞧不起，也遇到过各种阻碍、限制和

① 因此，我想将“软技能”称为“核心技能”甚至是“能量技能”，这是取得成功必不可少的因素。

挫折。我如今在哈佛大学任教，是一名受人尊敬的教授，也因此有机会在此和大家分享我的研究成果，帮助每个人学会在逆境中创造转机。

我将结合自身经历和大家分享，即当别人低估我时，我在想什么。本书中也会提及许多个人、团队和公司的事例，他们中有人似乎始终处于优势地位，有人必须靠自己创造转机，有人则在赢得转机后又让它溜走了。之所以写下这些故事，是因为我认识到这些故事里，他人对故事主人公的看法各不相同，这些看法形成的原因也不一样，人们甚至带着刻板印象来看待他们。主人公们很可能因此陷入不利境地，但他们能善加利用这些不利因素让自己变得强大，成功地化逆境为顺境，变阻碍为机遇，转偏见为契机。正因为见识过这种力量，我决定把这些故事写给你看。我也会不时援引社会学、心理学以及商业相关的研究和理论加以说明。

本书绝不是教你怎么去"忽悠体制"，或动机不纯地设局布阵。毕竟，世上没有魔法能让谁想成功就成功。我会启迪你发挥个性、长处，甚至是运用自身弱点来打造专属于你的转机。创造转机时，你越是投入越能发掘自身特点，收效越好。

这很关键，因为这么做不但能使你的自我认知更为清晰，当你想改变他人对你的价值衡量及个人印象时也更游刃有余。能让转机持久发挥效力的人往往待人真诚，因为他们的行动来源于自我本真与自我认知。

赢得转机或许是你苦苦思索、精心筹备的结果，也可能是情之所至、突发奇想。这都不要紧，重要的是它能助你一臂之力去左右外部环境，帮你打开局面，正如开篇我们和埃隆的故事那样。

埃隆以为我和拜伦是创业者，想找他投资项目。后来我们灵机一动，引导他改变了对我们的印象。这就像打开了一扇门，让他能走进门来瞧瞧我们的真实来意。这么做的好处在于他能摆脱自己快速勾勒的第一印象和成见，朝于我有利的方向来认识我们。相应地，顺利推进这次见面后，我们的讨论确实给埃隆带去了价值，也呈现给他更为多元的视角。有能力从无到有创造转机的人都具备以下特点：富有价值、予人欢喜、善于引导、“分配”努力，这四点即为本书核心。

本书的第一部分——富有价值。想要创造转机，前提是你有能力为他人带来价值，让其从中受益。我们会重点区分两类人：一类人本身富有价值并能为他人带去价值，另一类人本身带不来太大价值（却巧舌如簧，有本事让别人觉得他们很有价值）。能把握转机的当属前者，因为他们的确富有价值，而不是装腔作势扮成那样子（这样的人我们多多少少认识几个）。能把握转机的人也懂得适当展示，让他人充分了解其价值，而不是默默无闻，妄想别人来揣摩其价值所在。

我会分享一些对策，帮助你在给他人带去价值的同时创造转机。我也会和大家分享实用的技巧，教你发掘自我价值，并让别人也了解、认可它们。我会引导你重新思考，为何你总把限制等同于阻碍，而别人又是如何在他的故事里逆风翻盘的。你终将明白“认识自我”

有多重要，因为有了它，你才可能拥有他人难以替代的价值。这意味着，当你发掘出真正的自身财富以及弱点，就能创造独一无二的优势。

本书的第二部分——予人欢喜。诚然，你富有价值且能为他人带去价值，但让别人认识到这点的前提是你已在门内。我和拜伦都明白我们能为埃隆的事业发展带来价值，可他不明白。为了让埃隆充分了解我们的价值，首先得让他感觉彼此志趣相投、气味相融。在与人融合这件事上，本就富有价值且懂得如何展示自身价值的人最占优势。我将通过案例说明什么叫“乐于融合”以及它多么重要。你会明白，乐于融合不是让你去大秀魅力、取悦他人或传统意义上的一展风采。我们会提到一位职场女性的故事，她本来已被解雇，临走前公司高层却纷纷出面挽留，这则故事将告诉你，其实每个人身上都具备与人相融的力量。你会读到一位与人相融的主人公借此打消他人疑虑的故事。你也会见识到一位电影导演是如何说服一支声名大噪的乐队放下成见、联手合作的。还有一位父亲，他想告诉女儿什么叫作内心强大、底气十足，你会看到这位父亲如何改变了女儿的想法，使她日后也懂得把握转机。

本书的第三部分——善于引导。任何转机都是在与人互动的过程中产生的。你的自我认识，他人对你的看法，你所展现的技能、实力和个性背后的成因是什么，以上都是你在创造转机的过程中需要善加利用的因素。我会向你一一解释如何在不同状况下引导局势朝有利于自己的方向发展。

知道他人对你是何看法、弄明白背后的原因，这样你才能引导他们重新看待并珍惜你富有的价值及创造的转机。这部分故事的主人公们无一例外都展示了上述思维，其中一位原本只是不起眼的书店职员，后来一路成长为路易威登公司的女高管；另一位原本是举步维艰的创业者，他曾因说话带口音而屡屡碰壁，但最后备受投资人青睐，并获得了一笔颇为可观的资金。你越是充分地调动自身条件、面对现实，越能发自内心、满怀真诚地影响他人对你的看法，并在转机中表现得更好。我会在正文中具体解释这背后的缘由。

本书的第四部分——“分配”努力。付出和努力会让你亲手创造的转机更具价值，我们将一起探讨如何实现这点。但有时按兵不动和倾尽全力的结果是一样的。别误会，我深知努力必不可少，但笑到最后、赢得转机，光有努力还不够，因为你在意的许多决定往往取决于他人对你的看法，但这不受你掌控，因此你必须懂得如何“分配”自己的努力。

当你学会了如何识别他人的看法、了解它们的运转机制，并且明白看法背后的成因后，你就能淡定从容地应对挑战，更顺利地迈向终点。你也能在互动中迅速与人相融、打开局面，并且有策略地引导这场互动更顺利地进行下去。简而言之，这么做就是创造转机。

最后，我想说说心里话。其实出版社最初找我约稿时，我犹豫再三，因为我之前读过某些商学院教授写的书，我不愿写那样的书。我和编辑说，我讲不了大人物的故事，像那些家喻户晓的名字——

爱迪生[①]、猫王、李小龙、撒切尔夫人、W.E.B. 杜波依斯、弗里达·卡罗，我无法告诉读者他们是如何成功的。我能述说的是这样的故事：比如我的朋友欧沙玛是一位法籍黎巴嫩人，他实在太有魅力了，我甚至鼓励我丈夫应聘去欧沙玛后来创立的公司上班，又比如美国花样滑冰选手长洲未来、我家附近的理发师珍妮、我那位正在找实习工作的学生彼得……这样的故事，我能写出许多。

恰好出版社也认同我讲述这些普通人的故事，我最后才答应写这本书。要知道，这些故事的主人公并非生来就站在一扇扇敞开的大门前，他们如你我般普通，并非完美无瑕。我希望你能从中发现规律，学习到他们是如何在看似不利的境况中创造转机、逆风翻盘的。我常年做这方面的研究，从中获益良多，我希望你在受人轻视时能够创造出转机。我也希望书中的研究和故事能教会你辨别，在解决问题的过程中什么行为可能创造顺境、什么行为可能徒增障碍。一正一反，同等重要。

---

① 而我无意中发现，爱迪生实则是个粗野的生意人，窃取别人的点子据为己有。

第一部分

富有价值

1
胜者为王的时代

成功有时是努力的代名词。

塞缪尔·特鲁特·卡西

视线回到 2018 年冬季奥运会花样滑冰比赛现场，日裔美国花样滑冰选手长洲未来（Mirai Nagasu）完成了阿克塞尔三周半跳，成为冬奥会历史上第一位完成该动作的美国女子运动员。她是怎么做到的呢？靠的当然是努力和恒心。

长洲未来的父母在洛杉矶郊区经营着一家寿司店。接触滑冰前，她的童年几乎都在这家餐厅的储物间度过。因为请不起保姆，父母工作的时候，她就在小小的储物间里做功课，累了就在瑜伽垫上睡一觉，等着餐厅打烊。她后来回忆说，自己肯下苦功、做事有恒心这些重要的品质都是受父母的影响。她说："我要求自己有优秀的职业道德，因为我父母就是这么拼命工作的。"她的父亲青藤先生（Kiyoto）很少休息，更不爱休假，因为他觉得餐厅放假一天，员工就少了一天薪水。连长洲未来在奥运会赛场上演绎阿克塞尔三周半跳的精彩时刻，她的父母也在寿司店忙活不停，给客人张罗晚餐。

美国男子花样滑冰选手周知方（Vincent Zhou）是首个在冬奥会赛场上完成高难度的勾手四周跳的运动员，在聊到长洲未来时，他称赞她为"身边最刻苦的人"。长洲未来有着如此出色的职业素养和令人敬佩的进取心，也难怪周知方这么评价她。[1]

长洲未来的故事向我们证明了一个道理：肯下苦功钻研的人，值得丰厚的奖赏。作为父母，从孩子懂事起我们就要把这个道理讲给他们听。在孩子遭遇逆境、沮丧不安时，鼓励他们坚定信念，因为刻苦是打开成功大门的钥匙。

人生路上，人人都会经历困难和失败。在这种时刻，继续刻苦用功、不言放弃，困难往往会迎刃而解。这样的故事，我们都听说过。这种信念，我们都曾铭记于心，并且在不同国家的文化中皆有体现。"罗马建成非一日之功，时刻添砖加瓦方得其成。""成功的人往往只是比失败的人多尝试了一次而已。"①"保证成功最稳妥的方式就是再试一次。"这些说的都是同一个道理。

---

① 这句话我不怎么赞同，因为照它这么想会让我觉得自己很失败。

我家的故事也不例外。我母亲是从中国台湾移民来美国的，刚来的时候她口袋里只有22美元。生活艰难，但母亲从没说过放弃，拼命工作为我和弟弟创造一切生活所需。后来父亲去世，她只能一个人撑起这个家，即便那么困难，她也靠着坚定的信念带大了我们姐弟。

我家的经历可能只是千千万万家庭的缩影，这样的故事在我们读的作品、看的电影里也不少见。电影《空手道小子》（*The Karate Kid*）[①] 中，少年丹尼尔饱受欺凌，他想学功夫保护自己，于是找到了老花匠宫城先生，后者也是位空手道大师。丹尼尔刻苦训练，坚持不懈，不仅在最终回合的比赛中击败对手，还追求到了心爱的姑娘。电影《勇敢的心》(*Braveheart*) [②] 讲述的道理如出一辙，主人公华莱士的家人惨遭杀害，后来他又失去了与其秘密成婚的爱人，随后他奋起挑战当权统治力量，成为自由的象征。这部影片的全球票房收入超两亿美元，斩获了五项奥斯卡金像奖，其中包括最佳影片、最佳导演、最佳摄影等。取得这样的好成绩并非偶然，影片大气磅礴，观众从中感受到了希望，以及为自由抗争的勇气。

能吃苦、有恒心的宝贵品质也超越了文化的界限，菲利帕奇先生（Gac Filipaj）的故事就是例证。菲利帕奇是一名阿尔巴尼亚难民。

---

① 此处指的是1984年上映的《空手道小子》，据我所知也是唯一一版。

② 2009年上映的电影《贫民窟的百万富翁》（*Slumdog Millionaire*）也是我的心头好。主人公出身贫寒，住在印度的贫民窟，他是个孤儿，没上过学。他参加了一档火遍全印度的电视问答节目，差点儿就获得了终极大奖。

近20年间，他在大学里一边做清洁工一边念书。虽然工作辛苦，酬劳也不高，但他努力存钱、挤时间，每学期在校修完一两门课程。就这样，在他52岁时，成为学校的荣誉毕业生，顺利获得学位。[2]

再看看韩国青年尚勋（Sanghoon）的故事。尚勋的家乡是个小村庄，他在一个小农场长大，儿时上课的学校只有一间屋子，上学得走近6千米路。条件虽然艰苦，但他刻苦学习、坚定信念，最终考到首尔，进入韩国数一数二的高等学府成均馆大学，成为一名核物理学家。[3]

当前，有关社会阶层的讨论引人注目。虽然社会阶层的区分客观存在[①]，但上述故事也在提醒着人们——社会流动并非不可能。只要能让付出的努力获得相应的回报，你的出身就不会成为掣肘，生活将如你所愿，无比美好。

但现实往往并非如此。我们不如回到长洲未来的故事，看看荣誉背后究竟掩藏了什么。2018年冬奥会，长洲未来演绎了完美的阿克塞尔三周半跳，可如果把时钟回拨4年，美国花样滑冰代表队出征2014年索契冬奥会时，长洲未来可是被狠狠地关在了门外。2014年的全美花样滑冰锦标赛中长洲未来排名第三，当年美国队获得了三个参加冬奥会的女单名额，她理应占据一席，然而美国花样滑冰协会决定派出排名第四的白人选手阿什莉·瓦格纳（Ashley Wagner）顶替她参赛，因为他们认为瓦格纳更有可能摘得奖牌。[4]

---

① 除了传统概念上的有产、中产和劳工阶层之分，有的国家实际上存在更细致的阶层划分。例如，英国社会就划分为七个差异显著的阶层。

这种做法闻所未闻。你能想象美国花样滑冰协会是怎么解释这一决定的吗？其中一个理由是，长洲未来只有 20 岁，年龄太小，而瓦格纳 23 岁了，她更成熟也更有经验。可是当年同一场锦标赛的亚军选手波琳娜·埃德蒙兹（Polina Edmunds）也参加了索契冬奥会，她才 15 岁，而且不如长洲未来经验丰富。这又怎么解释呢？

也许真正的原因是，长洲未来不符合他们眼中完美的美国花样滑冰运动员形象——美国选手应该是白皮肤、金头发，最终派出的三名索契冬奥会参赛选手[①]就是这样。美国花样滑冰协会不承认其做法存在种族歧视，但事实胜于雄辩。[5]

如果付出和努力换不来值得的回报，我们该如何是好？

• • •

我们在各自的人生阶段都有要实现的目标，有关事业、有关抱负。可能你想为国争光，出战奥运会；可能你想成为举足轻重的人物；可能你想大刀阔斧地实行改革；可能你想抓住一次晋升机会，可能你想为公司拉来投资……从小受到的教育告诉我们：成功的秘诀就是努力，不管你的目标是什么，朝着它努力就会有收获。人们还说，洒下的汗水自显分量。

可我们心底总有个声音在呐喊：不是这样的！你设想一下，有

① 另一名美国参赛选手是格雷西·戈尔德（Gracie Gold），她在 2014 年全美花样滑冰锦标赛中排名第一。

两个人，他们都很努力，或者干脆假设他们一样努力，结果往往有高低之分，其中一个人会比另一个人更成功。甚至像长洲未来的经历一样，你比对手更优秀，结果却是惨遭淘汰。

谁都曾踌躇满志，你我可能都曾有过类似的经历：我们努力奋斗，交出最漂亮的答卷，但最终还是与成功失之交臂。我们隐约发觉，也逐渐承认一点：成功面前不讲什么任人唯贤。你的想法多有价值、付出了多少努力、掌握了多少技能……这些因素或许都带不来成功。笑到最后的人往往并非最优秀的人，他们可能拿不出闪闪发光的证书和好想法，但他们拥有重要的资源、资金、时间，以及别人给的好建议，这些都是通向成功的关键。

• • •

几年前我参加过一个志愿者项目，主办方邀请了在各自领域小有成就的志愿者当导师，给即将步入高中的所谓“问题少年”做辅导。我们的职责之一就是全程陪伴他们度过入学第一周，帮助他们适应新环境、顺利开启高中生活。和我组队的塞瑞丽娜（Cerelina）是个 13 岁的小姑娘，她机灵、聪明又活泼，很惹人喜欢。开学第一课上的是历史，讲台上站着一位男老师。给塞瑞丽娜加油鼓劲后，我就到教室后排找个位置坐了下来。

因为是开学第一天，那位老师详细地说明了课堂守则，介绍了整个学年的学习大纲。快下课的时候，他发给每位同学一张卡片，请他们写下高中毕业时希望实现的目标。几分钟后，卡片收了上去，他快速看了一遍，然后一张一张地念了出来。写卡片的时候他要求大家署名，不过念的时候没说是谁写的（谢天谢地）。

孩子们的目标五花八门："我的目标是组建一支橄榄球队""我要在马里奥赛车游戏里打败哥哥""我的目标是存钱买一双'斯蒂芬·库里'（听名字就知道是双篮球鞋）"……还有张卡片写的是"我要让班上每个同学都会拼写'Zimbabwe'（非洲国家津巴布韦）"，老师刚开始念，就有个小男孩举起手来，自信地说："这是我写的！"俏皮的小男生一下子就引起了大家的注意，成了班上受欢迎的孩子。

每念完一张，这位老师都不忘点评几句："说得不错。我看你手臂很结实，适合打橄榄球，我相信你能做到。""'斯蒂芬·库里'？不想要双'飞人乔丹'吗？""噢，津巴布韦……我向你保证以后每个同学都会拼，不仅如此，我保证每个人都能说出它在哪儿！"

接着，他又拿起一张卡片念道："我高中的目标是努力学习，申请到罗德奖学金，然后去牛津大学念书。"我马上意识到这张卡片是谁写的，塞瑞丽娜不久前刚看完一本书，书里的小女孩就是获得罗德奖学金后去了牛津大学深造。她和我聊过这本书，当时还问我牛津大学在哪儿。听到她的目标，我心里别提多自豪了。

历史老师读完卡片，我却发现他嘴角露出一丝嘲笑，然后没忍住笑出了声，说道："口气不小！"接着自顾自地嘟囔，"希望越大，失望越大啊。"我气不打一处来，担心地看了看塞瑞丽娜，只见小姑娘尴尬得坐立不安，小脸憋得通红。

下课后，我赶紧把她叫到一旁鼓励她。我说你想考牛津大学的目标非常棒，一定可以实现，只要你坚持，加油努力，没有什么能阻挡你实现目标。很可惜的是，她自己努力了，我也在一旁时常鼓励她，几年后她却离自己的目标越来越远：小小年纪怀了孕，最终辍学了。

知道我为什么至今无法释怀吗？塞瑞丽娜离开学校那天来找我，跟我道歉说让我失望了（但你没让我失望啊，傻姑娘），然后拿出了她高中开学那天写的目标卡片说："当时我要是写'我想成为啦啦队长'就好了。[①] 我这样的人怎么努力也上不了牛津大学的，没用。"

我们不用他人提醒要努力、要用功，可我们也不太知道遇到困难时怎么利用困难渡过危机，也不太懂得如何培养解决问题的能力，为自己创造机会，从而把主动权掌握在自己手中，以使我们的努力确确实实地带来益处、收获和成功。苏格兰作家罗伯特·路易斯·史蒂文森（Robert Louis Stevenson）曾说："人这辈子，不在乎拿没拿到一手好牌，把一手烂牌打好才叫本事。"有了转机，你就能做到。

我们都活在他人的偏见里

无论塞瑞丽娜还是长洲未来，她们都曾因他人的偏见而遇到挫

---

① 特此声明：这里没有贬低啦啦队长的意思，我读高中时就是啦啦队长。

折。塞瑞丽娜的历史老师认为一个出身贫寒的学生却想考入牛津大学是痴人说梦；长洲未来虽然在比赛中表现出色，美国花样滑冰协会却拿她的年龄和种族说事儿，做出了不公正的决策。

其实，反倒可以好好利用这些偏见来扭转局面。换句话说，如果把转机当作解药，那偏见就是毒药，同时也是解毒过程中不可或缺的部分。从认知的角度分析，人是有局限性的动物，我们依赖自身的主观感知和判断来认识世界，因为人类的进化还保留着祖先们"战斗或逃跑"的反应机制。[6]这一机制让我们的祖先在险恶的环境中求得生存，但也在人类身上留下了偏见的影子。我们的认知有时会产生偏差，或是偏爱，或是偏见。曾有企业的招聘主管公开表态，拒绝聘用年纪大的求职者，理由是年纪大意味着不懂技术、工作不易上手。[7]

有时候人们甚至意识不到自己带有偏见。例如，高个子的求职者应聘成功的概率更大。研究表明，许多人潜意识里认为个子高的人更聪明，他们能在工作中展现更出色的领导才能，也会更有成就。[8]不妨看一组数据：全球人口中，身高超过 1.83 米的人只占 15%，而美国 58% 的 CEO（首席执行官）身高都在这一水平。身高超过 1.88 米的人放眼全球都只有 4%，而超过 33% 的 CEO 身高都在此标准之上。[9]我和同事们甚至发现，像个人魅力这类基本条件也往往能成为加分项（对于男性尤其如此），给人留下好印象。[10]

我在自己单独做的其他研究中发现：医患互动情况和诊疗方案的开具与病人的疼痛阈值（就是有多能忍受疼痛）密切相关（很多人

想当然地认为女性比男性更能忍受疼痛）。我与一起做研究的两位共同作者布拉德·格林伍德（Brad Greenwood）和赛斯·卡纳汉（Seth Carnahan）还发现，医生个人对患者的看法颇为关键。假设一名女患者突发心脏病被送进急诊室，而接诊的是名男医生，那么她渡过难关的概率相比女医生接诊时要小。此情形下医生的个人看法可谓攸关生死①，这话毫不夸张。

除性别外，种族、民族甚至任何你能想到会引发偏见的因素都可能影响一个人对另一个人的看法。也就是说，任何人都可能受偏见所害，无人幸免，因为它随处可见。[11] 不久前我就发现男性也面临极其严重的偏见。[12] 在费城有一个学区，那里的女老师工资水平比男老师高许多，学区也更加认可女老师的教学经验。这还不算，应聘的男老师在面试时面对的提问更让人听了脊背发凉："你为什么想给一帮孩子上课呢？我一直想不通，但凡四肢健全的男人都不会想当老师吧，你是为了什么呢？""我就想确认一下你不是个变态。"你听听！

还有一点很重要：并非只有少数群体会遭受偏见，偏见无处不在，表现形式各异。比如，你可能出于偏见随口就给某个孩子贴标签，说他是"含着金钥匙出生的富二代"。别忘了，谁身上都可能存

① 从这一角度看，医生的个人看法甚至偏见也受不同患者的病情影响，有时会带来极其严重的后果。接下来这个例子可以恰到好处地说明这一点：黑人孕妇死于并发症的概率是白人孕妇的 4 倍。有观点认为：黑人孕妇比白人孕妇更能忍受疼痛，所以医生给黑人孕妇开止痛药时剂量比白人孕妇小。医生更倾向于向白人孕妇推荐前沿的诊疗方案，向黑人孕妇推荐的概率则相对较小。

在某些特征招致他人的偏见，你也不例外。

同样，并非特定的人群才会对他人怀有偏见。例如我发现投资人无论男女，他们心里那杆秤都更容易倾向男性创业者一边。

我们在定义世人眼中的好与坏时，会把对他人的看法和背后的原因联系起来。这时我们可能表现出偏见，或认为他人存在不足，这其实都是认识“变形”的结果。例如，肤色黑能衬托出阳刚之气，但同时让人联想到犯罪[13]；年长是优势，看起来更值得信赖，但同时和“缺乏驱动力”“学习能力差”联系起来[14]；女性富有同情心是品德，但同时容易被认为能力不强[15]。

你形成对他人的认识本身不需要什么成本，再基于这一认识反推它形成的原因更是你一个人说了算。心理学家纳利尼·安巴迪（Nalini Ambady）和罗伯特·罗森塔尔（Robert Rosenthal）发现：即便是一次不足 15 秒的“薄片”相遇或一面之缘，都会产生极大的影响，影响你对所遇之人的认识和判断——他是否友善、诚实、可靠。[16]

同样，他人形成对你的认识也无须经年累月。他们为什么会对你有那种认识，原因也是分分钟判断出来的。更麻烦的是，即便他们后来观察到了确切的证据，证明之前对你的看法存在偏差，第一印象也很难改变。这对你影响很大，将影响到他们怎么和你相处、怎么看待你的价值，或认为你值得怎样的奖赏，等等。

一起看看图 1，他人对我们作何认识以及他们为什么会形成这样的认识从来不受你我的控制。但要想在职场上有所成就，拥有出色的社交能力异常重要。如果你善于沟通协作、谈判商议，懂得劝服游说、察言观色，则更容易受到重用。[17] 展露这些能力极有可能招来偏见，但也正得益于这些能力，你才有机会利用自身的不足创造转机，引导别人探索你真正的价值。

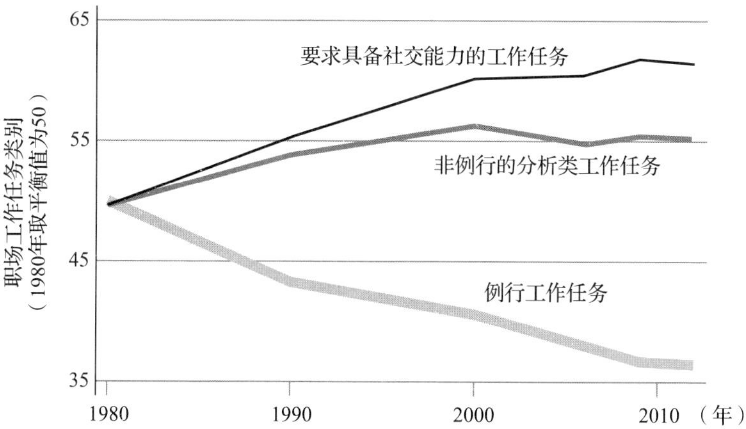

图 1　社交能力在职场上越发重要

注：社交能力包括沟通协作、谈判商议、劝服游说、察言观色。

资料来源：1980—2000 年的美国人口普查、2005—2013 年的美国社区调查。

别怪对手，主导这场游戏

为什么要让我们来承受偏见？难道不应该建立完善的制度和组织框架为我们保驾护航，营造公平的环境，让每个人都得到平等对待吗？

你想得没错！我们都应该尽己之力改变制度，创造一个凭本事说话、任人唯贤的世界，特别是如果我们手中握有权力就更应尽这份责任。但同时我们也要意识到，消除世上不公之事绝非一朝一夕。

首先，世上总有人不愿改变现有制度，并不遗余力地阻止这种改变发生（这样的人现在有，以后也不会少）。他们往往是某个制度或组织里身居高位之人。研究表明，即使人们明确地发现某一制度存在弊端，他们也倾向于维持现状，甚至更愿意找借口将存在的问题合理化。因某一制度而受益的人尤其如此，当有人质疑制度不公时，这些既得利益者常常把一套说辞挂在嘴边："只要你足够努力，就可以靠自己的努力取得成功，还要看你的动机、天赋还有毅力。"心理学有个理论叫"制度正当化理论"，该理论认为那些更愿意认可和称赞现行社会、经济和政治制度并认为它们公平合理的人往往是从中受益的人。[18] 纽约大学应用心理学教授艾琳·戈弗雷（Erin Godfrey）认为："身居高位的人坚信现有制度是基于任人唯贤的原则运转的，因为这意味着他们获得现有的成就凭借的是自身的真才实干。"[19] 在社会体系中占优势地位的人也更愿意相信这一体系是公正的，因而没有必要改变它。

其次，我们往往在以下两方面高估了人们：他们意识到哪些现实问题需要解决，以及明白如何解决那些问题（即便这些人理智上认为需要改变现状）。研究表明，成功者身上大多存在盲点，或可称之为"优势盲点"。很不幸，这似乎是制度正当化思维无心插柳的结果。[20] 对这些成功者而言，享受特殊对待才是常态，享受不到这种待遇是他们无法想象的事。

最后，有些问题可以缓解，但不能消除。举个例子，有学者发现随着人与人接触的增多，种族偏见也在一定程度上得以缓解。[21]哈佛大学社会学学者张乐天曾在他的研究中把NBA（美国职业篮球联赛）球员划分为两类：A类球员与教练种族相同，B类球员与教练种族不同。他发现：在球员水平相当的前提下，A类球员的上场时间比B类球员长；如果教练与一名B类球员的相处时间增加，这名球员的上场时间也会随之增加，但仅限于这一位B类球员，换成其他任何一位B类球员，教练给他的上场时间还是比A类球员短。[22]

再来看看一些旨在大力消除性别歧视和职场骚扰的尝试。来自公平竞争研究所（Level Playing Field Institute）的两位研究人员弗里达·卡普尔·克莱恩（Freada Kapor Klein）和艾莉森·斯科特（Allison Scott）发现，尽管这些尝试的出发点是好的，其达到的效果却一言难尽。[23]他们观察到，不少公司曾兴冲冲地宣布要“开启性别平等运动”以实现企业内部的多元化，但越来越多的证据表明，无论从性别平等还是其他角度看，这些运动的推进力度都越来越小。这些尝试一方面致力于营造性别平等的氛围（通常给职场上的白人女性和亚裔女性带来不同程度的积极影响），另一方面使黑人女性和西班牙裔女性遭受了更多与性别挂钩的偏见、骚扰以及无礼对待。

《纽约客》专职作家凯蒂·沃尔德曼（Katy Waldman）观察到：“当人们大喊着‘再也受不了偏见’的时候，偏见并不会消失，它只会想方设法地藏匿于无形。”[24] 举个例子，假设你和富人家的小孩同时在准备升学，你上不起预备课程，但对方上得起，于是你思量后决定放弃参加标准化考试。如果是出于这个原因，那你还得意识到富人家的小孩在其他方面也更胜一筹，他家的财力足以支持他在体育运动、俱乐部活动、私教辅导和志愿者经历等方面树立竞争优势。

假定这一状况将持续下去，你为何要守株待兔等着环境改变呢？你不该因为环境的不公而缴械投降。现状就是如此，你必须鼓起勇气直面现实。

一旦你参与到这场游戏中来，就要牢牢抓住主动权，对结果负责。没错！尽你所能地改变局势。对有的人而言可能意味着倡导实施更优的用人政策，可能是在遭遇不公时大胆发声，也可能是教会他人认识到现实中存在哪些偏见。无论如何，你不能让别人替你做决定，也不能等着别人把问题完美地解决。去创造转机吧！让自己在一场不算完美的游戏里成为赢家。

让付出的努力为你服务

引导别人形成对你的看法，创造属于自己的荣光。做到这几点，让你的努力和付出实实在在地产生价值。经常听到有人在提供投资建议时说一句话——“要让钱生钱”，同理，你要让付出的努力为自己服务。心理学家沙伊·戴维达（Shai Davidai）和托马斯·吉洛维奇（Thomas Gilovich）拿“逆风”和“顺风”打了个比方：你得好好努力，这是本分，如果能创造出转机，便可顺风向前，让自己的努力更高效地产生实际价值；偏见歧视以及不利状况就好比逆风，是前进路上的阻力，并不是说有逆风作祟就到不了目的地，而是你得投入更长的时间、遭受更多的磨难，并且最终靠岸时可能已经精疲力竭而无心享受实现目标的喜悦。[25] 所以，为自己创造一股顺风吧！把逆境变为顺境，让付出的努力全力为自己服务。行动起来，把自己变强大，不要退到一旁把主动权交到别人手上，到头来他们只会指责你不够努力。

如果你一直以来接受的教育都告诉你暗暗努力是唯一要事，那么你或许会觉得这么做显得不真诚，甚至有些作弊的嫌疑。实际上，不这么做的后果才该引起你的警觉，你难道要把自己的命运交到别人手上吗？你怎能允许别人在还不了解你的情况下就对你做出片面的判断呢？你为什么不主动站出来告诉他们你是怎样的人？如果你退到一旁，等着别人来“了解真正的你”，这很大程度上得看运气，而且说明你对别人有许多期待。这样一来，你能否取得成功，决定权就交到了别人手上，完全取决于他们对你是何看法以及他们为什么会对你有这样的认识。你的努力至关重要，但确保别人看到你的这份努力的价值所在，也是你应尽的义务。

确实，摸到什么牌就打什么牌，但你必须把牌握在手里，自己打。摸到一手牌，不要理睬他人的意见。换种思路，像成功者一样思考。已然成功的人不论起点如何或者遭遇过怎样的困难，他们从一开始就坚信：未来会比现在好，而我能够把它变成现实。

• • •

在长洲未来被强行踢出2014年冬奥会美国花样滑冰代表队后不久，她写下了这些文字：

我的恐惧

那些报道对我说的话断章取义，它们变成了武器攻击我，使我的心伤痕累累。比赛里的好多标准我都不理解。粉丝们伤人的话；我之前尊敬的人跑过来指责我，批评我的服装、我的饮食、我的身体情况，还有比赛表现，到底为什么？

我每天都这么问自己。

"长洲未来想要努力重拾昔日辉煌的消息，我听了、看了都觉得心烦。"

这些话就像一支支箭射进我心。

大家都让我别听、别看，可它们就这么一个个出现在我面前，我怎么可能不在意？看了别人的话，我的恐惧更深刻真切了。

我的职业生涯到头了。

我不可能进步了……[26]

我们已经知道后来的故事，长洲未来在2018年冬奥会中表现出色，完美演绎了阿克塞尔三周半跳。她不仅付出了努力，还克服了重重困难最终登上奥运会领奖台，让人心生敬意。但无论如何，上面那些话也确实是长洲未来当时身处黑暗之中的真实感受；2014 年她在一片争议声中落选冬奥会美国花样滑冰代表队，也永远是她心里的伤痛。

没错，她十分努力。

但单纯的努力不管用，不然她早就在 2014 年参战冬奥会了。除了努力，她还做了哪些调整呢？她，做了一名斗士。当然，持续刻苦的训练少不了，但后来的四年里她还明白了一个道理：仅靠努力和出色的技术动作，自己无法登上冬奥会的舞台。她还需要了解美国奥委会对于“努力”和“出色的技术动作”的定义，需要懂得怎样的表现能满足他们对这两种特质的期待。也许他们期待一位成熟的运动员，也许他们期待派出的选手表演独具优势的花样滑冰节目，能把美国队推到聚光灯下令万众瞩目，让人们称赞其为一支精英运动队，而非一支过气的老牌强队。她也需要了解，当一位亚裔女性超越金发碧眼的美国花样滑冰运动员展现这种优势时，这意味着什么。

所以长洲未来决定，以后她都要主动引导别人认识真正的自己。长洲未来的故事精彩之处不在于 2014 年全美花样滑冰锦标赛上她的经历，而在于她向我们展示了一位运动健儿如何不断突破重围再创辉煌。这个故事难能可贵之处在于长洲未来纯粹的竞技精神。台下四年功，她不断完善自己在阿克塞尔三周半跳上的表现，并把它编排进了比赛节目，让它成为自己前进道路上的一把利剑，为她披荆斩棘，也为美国队带来荣耀。她学会了引导别人形成对自己的看法，影响媒体对她的关注点，并将其掌握在自己可控的范围内。美国花样滑冰协会受到媒体和舆论的压力，再也没理由把长洲未来排除在参战 2018 年冬奥会的名单之外。长洲未来那段关于内心恐惧的独白清晰地展现了她天性中善于思考和创新的特质。我们看到的是一个散发着艺术气息、细心周到、成熟的长洲未来，而不是一个资历尚浅、天真无知的小丫头。当人们看到她为实现阿克塞尔三周半跳所付出的努力，他们见识到的是一个严谨又坚毅的长洲未来，并且会因此认为她有潜力在冬奥会上为国争光。这个跳跃动作是长洲未来争取冬奥会参赛资格计划里尤为关键的一环。现在，她已经懂得如何引导别人来看待自己，也懂得如何借助外力，例如借用媒体的力量影响他人对自己的认识。此时，长洲未来已经创造出属于她的转机。

有人可能会说："这不就是在运营个人品牌吗！"长洲未来创造出转机，其意义远比单纯地运营个人品牌来得深远。我们不如看看她具体怎么做的。首先，她深知自身的价值所在——一个能做出阿克塞尔三周半跳的运动员对美国队有多么宝贵，她同时明白了一点，即要让人们接受她、认可她的价值，在那之前她得用自己的故事和个性打动他们。所以她不藏着掖着，大大方方地展示出来了，长洲未来如实回应了一些关于她职业生涯的争议，她说："每个人都会犯错，如各位所见，我也经历了不少起起伏伏。"她说这没什么丢脸的，她会踏踏实实地走过该经历的蜿蜒曲折，"我不害怕把真实的自己展现给大家"。

之后，她继续引导人们形成对她的印象，展现出诚实、真诚、周到的个性。她曾发过一条推特：“你不用时时刻刻保持完美，只要在摔倒之后站起来继续向前就好了。”如她所说，她继续向前，成功地突破逆风，乘上一股顺风一往无前。

人们对你的认识，会进一步影响他们分析这一认识的成因，而这一原因判断会反过来影响他们所做的决定。如果你能认识到这一点，就可以让你的努力更充分地为你服务。对大多数人而言，这意味着你要把自己当作对抗偏见的“解药”，这样你就可以引导别人形成对你的看法、与他们融合，并最终让他们看到你独有的价值。读完本书后你将发现，弄清自己的定位、善加利用你的处境，做到这两点就能创造出专属于你的转机。

拥有转机之后，你的努力和付出会推进事情更高效、更迅速地往前。当你懂得何时、何地、以何种方式努力和付出时，你就掌握了创造转机的精髓。

近10年，我都在研究任人唯贤这个课题，更重要的是这一课题的切入角度：在这个没有绝对公平可言的世界里，风险和失败对不同的人有不同的意义，而在意识到这一点后，你可以做些什么？

我的研究内容还包括：当人们意识到他人对自己的看法是一把双刃剑后，他们会如何应对，并且在意识到这一点后，如何为自己打造优势条件。我发现，当你面对两类人时——那些看似已经处于优势地位的人以及还没掌握如何为自己创造优势的人，有许多方法可以让你拥有所谓的“非公平优势”并脱颖而出。

去拥抱转机吧！去驾驭它，让它为你带来优势。去打磨它、锻造它，让它为你吸引关注。借用转机把真实的自己展现给别人，扭转他们之前的主观判断。

小时候，我曾觉得自己在体育运动方面与其他同学相比差太多。每当我这么跟父亲抱怨时，他都对我说：“想要上场，你就把鞋带系好。系好了鞋带，就准备上场吧。”现在，让我们都做好准备上场吧。

破局思维一

努力不是成功的代名词，
“被看见的努力”才是。

2
基本优势理论

纯粹和本真是漫长努力的结果，它们并非一开始就存在。

弗雷德里克·梅特兰

为自己赢得转机也好，为团队和公司创造转机也罢，其实很简单，就两点：

1. 你为别人带来价值；
2. 别人也认为你有这样的价值。

就这两点，很简单吧？可是，英国历史学家弗雷德里克·梅特兰却说，要想别人懂得你所有努力的价值，那之前该经历的事一个也不能少。

要说其中最重要的一个细节？恐怕是上面这两点之间是否有个词——“并且”，把它们联系起来。

你为别人带来价值。

并且，

别人也认为你有这样的价值。

这就不好办了。有些人只满足第二点，因此获得了不错的机会。他们本身并不具备太大的价值，却有本事让人认为他们确有价值。实际上他们只是话说得漂亮，擅长造势而已。真恼人！

有些人整天只知道跟在领导后面溜须拍马，打听领导周末的安排，约着一起去打壁球。我才是那个每天兢兢业业做事的人，他们最后反倒跑过来抢功劳。

为什么那家公司的业绩超出我们公司那么多？明明我们才是第一家推出这款产品的公司，他们只是抢了我们的创意，据为己有，我们才是名副其实的开创者。

要不，我们再来听听物理学家亨利·庞加莱（Henri Poincaré）的故事。1904—1912 年的 8 年间，庞加莱曾先后 51 次[①] 获得诺贝尔物理学奖提名，这是为了表彰他在理论物理学和天体力学方面的开创

① 在每年的诺贝尔奖提名环节，不同委员可以推荐同一候选人，每名委员也可同时推荐多个候选人。

性贡献。1910 年，他获得了 34 次提名（当年总提名为 58 次，也就意味着庞加莱一人就占了 59% 的提名份额），但那年的诺贝尔物理学奖得主不是他，而且最后的赢家约翰尼斯·迪德里克·范·德·瓦耳斯（Johannes Diderik van der Waals）只获得了一次提名。为什么庞加莱被提名的次数那么多，却最终无缘诺贝尔奖呢？[1] 挪威奥斯陆大学科学史教授罗伯特·马克·弗莱德曼（Robert Marc Friedman）是这样解释的：

> 这是因为庞加莱没得到诺贝尔奖评审委员会里一位最重要的成员的支持，那就是委员会主席斯凡特·阿伦利乌斯（Svante Arrhenius）。当时，阿伦利乌斯与另一位委员在较量，而庞加莱的提名正好是那位委员发起的。所以阿伦利乌斯大力推选另一位候选人克努特·埃格斯特朗（Knut Ångström）竞选当年的诺贝尔物理学奖。

虽然在奖项公布前，埃格斯特朗去世了（诺贝尔奖原则上不存在去世后追授的做法），庞加莱依然没得到阿伦利乌斯的支持票。弗莱德曼教授继续解释道："阿伦利乌斯'翻箱倒柜'地找出有利于约翰尼斯·范·德·瓦耳斯评奖的材料，尽管范·德·瓦耳斯多年未获得候选人资格，而且他的研究是在 19 世纪 70 年代进行的（阿尔弗雷德·诺贝尔先生的遗愿规定，奖项要授予'上一年'为人类做出突出贡献的人）。"1912 年庞加莱去世，此前他依旧多次获得诺贝尔物理学奖提名，他在质能关系、相对论和引力波等方面的科学成就也一直备受认可和敬重，但他从未被授予诺贝尔奖。

这太不公平了！我们大多数人对于“转机”的理解都局限在“并且”前的第一项条件：你为别人带来价值，并且为现实带来积极的改变，就像物理学家庞加莱所做的那样。同时，我们坚信：只要自己表现出色，并且向别人展示出我们身上独特的价值，这就足够了，别人肯定会看在眼里，他们会自发地发掘并认可我们的价值。然而，现实往往并非如此。

于是，你受挫了，心中满是委屈，打算以其人之道还治其人之身。“你拍领导马屁？我也能拍领导马屁。”而当你真的这么做了之后，你会发现自己更难受了，离自己赢得转机的初衷也越来越远。

一旦我们把注意力转移到他人身上，过多地在意他人怎么看待我们的价值，我们就开始在“实实在在地提供价值”这件事上蹑手蹑脚（甚至有时会忘记要提供价值）。这么做，我们就成了自己的绊脚石，阻碍我们向外界输出价值。转移注意力后，我们甚至都不再拥有展示自身价值的能力。

我们还忽略了一点：并非每个人都能在自身价值不大的情况下让自己显得富有价值。当然，你身边可能有些人具备这种本领，而且确实因此讨巧了，但更多人是装不出来的。你问我？我也做不到，所以我不会这么去做。

如果想要获得转机，有两种方式：要么你善于让别人相信你具有很大的价值（而实际上贡献不了多大的价值），要么你实实在在地带来很大的价值，并且能让他人认可、信服你的价值。

无论采取哪种方式，你都得让别人“买账”，让他们和你站在同一阵线。如果你本身就具备不俗的价值，并且有能力说服别人支持你，那么这种方式无疑更省力、更可持续，并且影响更深远（从心理上讲你也更加轻松），所以我们将以此为切入点，接着好好讨论如何让别人“买你的账”。

挖掘自己的招牌能力

每当想到要去提升或改善什么时，许多人潜意识里都是要倾尽全力。我们认为富有价值和创造价值是需要“押上所有筹码”才能做到的事情。

因此，许多人执着于追求倾尽全力的状态，一门心思想去实现目标。人们总认为，擅长一件事就要把它做到感动上苍的程度，中庸的状态是他们不能接受的。

可说实话，拥有一两种超能力，在其他方面就保持中庸[①]的状态不也挺好的吗？你看，蝙蝠侠才识过人、体能无敌，但他也不具备其他超级英雄的看家本领；蜘蛛侠能自如地在高墙上行走、反应速度惊人，但他也展示不出超人身上的各种超能力。连这些超级英雄也都只是凭各自的一两种特质而受人喜爱罢了。

① 这常常让我想起一位朋友车上的贴纸，上面写着：全世界最佛系的妈妈。

那不说超级英雄，我带大家一起回忆一下我和家人的一段经历。两年前，我和丈夫准备带孩子们开启一场穿越得克萨斯州的公路旅行。我们打算从休斯敦出发（因为我丈夫在那儿长大，他的父母现在也住在那儿），一路经过奥斯汀、圣安东尼奥和一些更为偏远的乡村地区。临出发前，我婆婆扯着嗓子提醒我们："别忘了去趟 Buc-ee's！"见我一脸不解，我丈夫小声在我耳边解释说："Buc-ee's 是个加油站。"不过，听完他的解释，我也没搞懂什么状况。

出发！开了几百英里之后，我们看到了一家 Buc-ee's，于是决定休息一会儿，给车加个油。一下车，我惊呆了。这简直就是"必种草"的名胜景区、进去就不想出来的"天堂"啊：洗手间超级干净；自动冷饮机琳琅满目；有用不完的冰块，还可以带回放进车里的小冰箱；便利店里摆满了得州纪念品，它们都太惹人爱了，我恨不得全拍照上传到 Instagram（一款分享图片及视频的社交软件）上；商店里还卖各式各样的衣服，有的印着俏皮的双关语，我想把它们全都带回家；他们还有自有品牌的各种零食，牛肉干、焦糖爆米花……我可以在里面逛一天。当然，还有一排接一排的加油位，所以很快就能加到油，不用担心排长队。

我实在是为它着迷，剩下在路上的时间我都在查相关资料。[2] 1982 年，Buc-ee's 开了第一家店，位置选在得克萨斯州的杰克逊湖。开店之初，两位创始人"海狸先生"阿奇·艾普林三世（Arch Aplin Ⅲ）和唐·瓦塞克（Don Wasek）把生意的重心锁定在两方面——给客人提供便宜的冰块和干净的洗手间，他们把这两项当作立足的基本优势。你看，他们的定位相当明确：人们进加油站有两个需求，一是加油，二是用洗手间。（得州人说，他们还喜欢到加油站取冰块加到“胡椒博士”里喝。）

根据顾客的需求，两位创始人采取的对策是：首先，保证客人能加到油，这是最基本的；其次，提供干净的洗手间和便宜的冰块。各位，此处划重点！这就是他们把 Buc-ee’s 打造成得州旅行打卡胜地的诀窍。不得不承认，去那儿逛一圈，我们整个旅程都显得更加精彩了。

得克萨斯城的 Buc-ee’s 安装了 34 个小便池，意味着男士们几乎不用排队上洗手间。游客中心的公共洗手间运营得很出色，所以斩获了不少奖项。无论你什么时候到 Buc-ee’s，即便是凌晨 4 点，洗手间都相当干净，大家总是惊讶于他们怎么能做到这一点。位于新布朗费尔斯的 Buc-ee’s 有 120 个加油位，还有占地面积约 6 200 平方米的大型便利店。位于凯蒂的 Buc-ee’s 分店则有全球最长的洗车服务区，创下了世界纪录。Buc-ee’s 在得州有 30 多家店，业务正在向佛罗里达州和亚拉巴马州拓展，并有多个在建项目。

虽然 Buc-ee’s 是做加油生意起家的，但现如今其加油业务的收入只占整体收入的 60%，剩下 40% 全部来自便利店，包括在店内售卖 Buc-ee’s 自有品牌的商品，带来了丰厚的利润。Buc-ee’s 为顾客提供了独特的价值和体验，打破了人们对休息站的固有印象。便捷的加油服务、干净如新的洗手间和经济实惠的冰块都成为这个品牌的“超能力”，这为它赢得了“全美最佳公共洗手间”的殊荣，而且去过的人都称赞不已：“Buc-ee’s 简直是大人们的游乐场！”“Buc-ee’s 难道有不好的地方吗？不，它无可挑剔！”[3]

• • •

我把 Buc-ee’s 的这些特点看作它的“超能力”，这些“超能力”让它更显难得，也难以捉摸。能提升你的价值的，其实就是那么几样能让你脱颖而出的基本优势。说实话，修建很大的洗手间、大量的加油泵，提供充足的冰块，这几件事没什么难办的。这次经历之后，我不禁开始思考：我的基本优势是什么呢？

之前向大家介绍过，我母亲来自中国台湾。每次在厨房开火，她都会备好一顿饭的基本优势——绝对不能少的姜、葱、香油和酱油。我丈夫是意大利人，他做饭必备的材料永远是蒜、洋葱、橄榄油和奶酪（还得再来一杯红酒和几片意大利熏火腿激发一下烹饪灵感）。

你必须对你个人或你所领导团队的基本优势一清二楚，因为正是这些最基本且核心的要素帮助你站稳脚跟，也正是它们帮助你真正为他人提供价值。

你不妨问问自己：在别人与你交流或了解你所领导的团队时，他们最希望从你这儿了解到的基本信息是什么？他们需要哪些基本信息才愿意和你深入交流，从而让你有机会进一步影响他们的看法？

Buc-ee's 的两位创始人非常清楚他们品牌的基本优势——便捷的加油服务、充足的冰块和干净的洗手间，基于这几项基本优势，他们才有机会拓展业务，比如售卖食品、礼品和服装。但无论如何，吸引人们不断回头光顾的还是那几项基本业务。

要想发掘你的基本优势，仅仅知道自己的长处还不够，还要明确短板的位置。如果你能找到自己的短板并欣然承认，你就基本把握了一场竞争的大概脉络。掌握了自己的基本优势和不足之后，你就更明白要从何处入手寻找突破口、创造转机。

我在商学院主讲创业，所以经常有学生带着创业点子来找我，有时候他们的主意真的不错。有一回，一个学生找到我说想成立一家公司：公司将提供技术支持，帮助人们更有效地利用拨打急救电话到急救人员真正到现场施救的这段时间。他们可以通过技术让双方实现视频通话，还未到达现场的急救员或救护车司机可以通过视频安抚患者，提前观察伤者状况，了解其他必要信息。

也有一些更贴近日常生活同时很妙的点子。例如，曾有学生想开发一款 App（手机应用程序），帮用户追踪各类信用卡推广活动和年费信息，有助于他们更高效地做出决策，例如参考 App 提供的信息来决定要不要参加某个航空信用卡的活动。

先抛开这些点子的具体内容，很多学生找我时说的话都很类似，一开头跟我说“老师，我有一个特棒的主意”，结束时问我“老师，你能不能推荐一位程序员帮我实现它”。

想做急救视频通话的那位学生是金融教育背景，他对医疗和技术一无所知；想开发 App 的学生是医学专业出身，在金融和技术方面是一张白纸。试想一下，你想做一个项目，但你连与之相关的最基本条件都不具备，谈何创造转机呢？

我并不是告诉你灵感闪现得到好点子没有价值（这个做法是可行的），但我总会碰到一类情况：创业者本身并不具备与创业内容相关的技能，但这些技能偏偏是关键所在。每次我都感慨他们没找到自己的优势，也没展现出真正创造价值的能力。他们本身就具备的那些基本优势呢？被他们忽略了。

打个比方，想象一下有个人对你说“我有个绝妙无比的构思，一定能写成畅销书，只是得找个作家把它写出来”，或者他说“我突然来了灵感，一定能成就一幅旷世名作，就是得找个画家把它画出来”。你自己掂量掂量，创业也是一样的道理。

如果你坚信自己的创业提案独一无二，而且你知道实现这个项目必须精通编程，但偏偏你又不会，那么这时候请有自知之明，承认你不会，然后去学会它。[①] 要创业，自己的优势和短板，你都得一

① 在我给学生的创业建议里，有一条他们特别不爱听。我对他们说，如果你的创业计划必须依赖某些核心技术才能实现，那你就必须成为技术专家。当然，不是说让你回炉重造，跑回大学学习计算机科学专业。但你是不是可以尝试，比如参加每天 4 小时的密集编程课程，快速培养编程能力呢？如果你的创业计划的“伟大”之处恰巧是你不擅长的内容，而你连每天花 4 小时把它弄精通这件事都不愿意做，那么这个创业计划或许并不适合你，因为你无法靠它占据优势。

清二楚。

你能发现并明确自己的优势和短板，这时候你就找到了创造转机的切入点。因为这样做，你不仅能准确定位自己的价值，而且能想办法让自己无可取代。按著名投资人沃伦·巴菲特的说法，就是要了解自己的能力圈。他十分清楚自己的能力圈，所以他能够避开麻烦、抓住机遇改善现状、向他人学习，并使自己富有价值。[4]

我们每个人的经历不同，在特定的、有限的领域形成了自己的知识积累。有些领域，我们并不精通；有些领域，我们颇为专业。正如 IBM（国际商业机器公司）创始人托马斯·沃森（Thomas Watson）所说："我不是天才。我只是在某些领域很有头脑，所以我就坚守着这些地方。"这就是能力圈。

巴菲特曾提到他公司的一名经理，是一位来自俄罗斯的移民，他叫她 B 女士。[5] 巴菲特描述 B 女士的能力圈时是这么说的："她不懂股票……但她对家具行业了如指掌。""想让她买 100 股通用汽车的股票，价格不是每股 50 美分的话，她是不会买的。"但不懂股票一点儿也不影响 B 女士在家具行业的专业地位。她专注于发挥自己的基本优势，经营着内布拉斯加州最大的家具店。B 女士明白，她的能力圈有多大并不重要，重要的是清楚自己的能力边界在哪儿。你必须了解自己的短板所在，这样它才不会拖后腿成为你的负债。看看图 2，你就会明白这个道理，因此有机会专注于自己的优势，把它发挥得淋漓尽致。

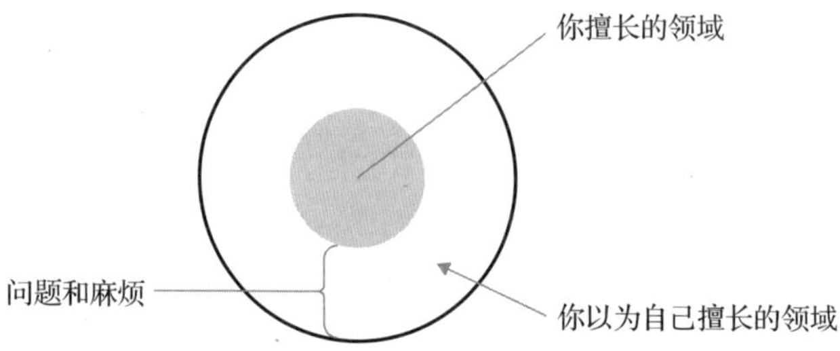

图 2

弄清楚自己的基本优势之后，有个问题就很好回答了：一辈子这么短，我们应该把有限的时间投入哪里，才能最大概率地取得成功呢？这个问题，巴菲特的得力干将查理·芒格回答得颇为切实："你要找到自己的天赋所在。如果你玩一场游戏，别人游刃有余而你全无优势，那么你注定会输。"[6]

先明确能力圈，再扩圈竞争

更大、更好、更极致，这似乎是整个社会都在追逐的目标。在商界，总能听到有人立志要成为那些看似比他们更成功的大人物，取得和大人物一样的成就。例如，拉里、谢尔盖和他们的谷歌王国，史蒂夫·乔布斯、斯蒂夫·沃兹尼亚克和他们创立的苹果公司，理查德·布兰森爵士和他一手打造的维珍帝国，杰夫·贝佐斯及其庞大的亚马逊集团，印度著名的塔塔家族和他们的商业版图，马云和他创造的阿里巴巴神话……这样的例子数之不尽。

但我们似乎忽视了贝佐斯和马云这些商界风云人物常常谈及的

一点：他们的基本优势，以及他们的公司赖以生存的核心产品或服务。这些传奇人物无比清楚一个道理：正是最为基本的自身条件让公司更大更强。旁人常常陷入误区，我们认为模仿他们甚至做到更好就能成功。殊不知有一点被我们忽视了，这些商业巨头无论规模多庞大、发展势头多强劲，能获得成功都是因为专注地把其擅长的领域做到了极致，而不是广撒网，企图在所有领域都领先于人。

不妨以理查德·布兰森和他创立的维珍集团为例。谈到维珍集团，我们第一眼看到的往往是它的规模何其庞大，惊叹于其旗下各个公司业务涉及之广：维珍航空公司打理航空业务，维珍银河公司处理太空飞行业务。维珍集团广泛涉足娱乐、医疗健康、金融服务等诸多行业。

仔细探究不难发现，布兰森创立维珍航空，其实处处围绕着公司的基本优势。在公司发展壮大后，也依旧以这些基本优势为核心展开竞争。维珍航空是怎么起家的呢？仅凭一架波音 747 飞机，往来于英国伦敦盖特威克机场和美国新泽西州的纽瓦克国际机场。要知道，布兰森爵士是有实力在创业之初就启用一整支机队同时运营多条航线的，但他并没有这么做，为什么呢？因为他当时在测试维珍航空的核心能力圈，也就是飞行体验。

最终确定往返伦敦到新泽西的这条航线其实也是机缘巧合。[7] 这位亿万富豪① 本来要搭飞机出门，结果航班取消了。(巧的是，他要

① 顺带问一句，有人知道理查德·布兰森创办的第一家公司的主营业务是什么吗？出版。原来布兰森热衷于诗歌创作，也四处投稿想要发表诗歌，可是屡屡碰壁。后来，他索性成立了自己的杂志，由他来拍板哪些诗歌可以发表。这本杂志刊登过他自己的诗歌，也有其他人写的诗。

去的地方是英属维京群岛，岛屿名字中的 Virgin 与他后来成立的维珍公司的英文名称拼写相同。）布兰森想尽一切办法去往目的地，最终他订了一架私人飞机。预订的时候，电话那头的工作人员问他："请问有几位旅客？"听了这话，他顿时意识到除了他自己还有其他人也有需要搭飞机去维京群岛。他回答："稍等，"接着开玩笑地说，"请你在机身上写上'维珍航空'。"于是，那趟航班就捎带上其他旅客一起飞去了维京群岛。有传言说，布兰森向每位乘客收了 39 美元，在飞机上印了"39 美元飞趟维京"。[8] 还有传闻说，布兰森最初没有给机票定价，要去维京群岛的乘客实在太多了，所以后来他举行了一场机票竞拍。有人说布兰森用这架租来的私人飞机飞维京群岛其实是赚了钱的。

不管真实情况是哪个版本，我们都看出来了，布兰森和其他乘客都觉得这趟旅程很有意思，十分享受。这个插曲让他意识到，自己实在是受够了市面上的航空公司还有他们的服务。于是，他一个电话打给了波音公司，买了一架波音 747 飞机。布兰森开始大胆地验证自己的假设：旅客搭乘航班出行可以同时收获愉悦感和独特的飞行体验。他决定在维珍航空公司印证这一点，让旅客搭得起飞机，公司也能实现盈利。

于是，一家航空公司应运而生。维珍航空提供的服务看起来一点儿也不"基本"：客舱内设置了氛围灯、舒适的真皮座椅、每位旅客独享的观影屏幕，还有一系列机上娱乐项目。这都是当时领先于其他航空公司的，但和维珍航空的基本优势已经融于一体。

维珍航空的故事还不够有说服力？那我们来看看乔布斯打造苹果公司的经历吧。苹果公司的标志性产品智能手机 iPhone 每季度创收高达 890 亿～930 亿美元。[9] 我从没听谁用“基本”这个词来描述过 iPhone 的功能，相反，它提供了流畅无比的使用体验——面部识别、仿生处理器、立体声、连拍模式以及能完美实现拍照曝光的照相功能。

可是，在乔布斯看来，iPhone 的核心依旧是它的基本优势：这是一部具备综合功能的设备，能同时实现通话、拍照和上网功能，这正是人们对它青睐有加的原因。要知道，第一代 iPhone 推出时，面部识别、仿生处理器、立体声……这些特性都不存在，甚至也做不到简单的剪切、粘贴文字或者搜索手机联系人。

你看，苹果公司一开始也没法打包票，断定 iPhone 能发展得如火如荼。他们甚至害怕，害怕消费者根本不想要一部能够同时实现多种功能的设备。他们担心要是大家都更爱用数码相机拍照，觉得它拍出的照片清晰度和画质更好，而不愿意用 iPhone 的拍照功能该怎么办？要是他们更愿意用笔记本电脑上网，不愿用手机上网又该怎么办？

因此，苹果公司不断地测试、验证产品定位，也就是产品的基本优势：为使用者提供合而为一的非凡功能体验。每次发布新产品或推出新功能，靠的都是这一基本优势的支撑，因此苹果公司才能不断地推动产品和服务的创新。例如，iPhone X 展示出十足的时尚和优雅，Apple TV+ 则突出便捷、流畅、优雅的观影体验。毋庸置疑，苹果公司将继续推出符合其基本优势的产品——优雅、简约、实用的产品。

我们应该学习维珍集团、苹果公司和Buc-ee's这些公司的做法，不要盲目地追求更大、更好、更极致，这样我们才能真正抓住机会创造价值。创造转机，始于明确自己的基本优势和能力圈，并在这个范围内用心耕耘。当然，假以时日机会成熟了，你也可以像Buc-ee's一样拓展业务，但永远不要忘记自己的基本优势，它是你赢得转机的基础条件。

破局思维二

成功不在于押上全部筹码，
支撑你的是某个核心优势。

3
必要的取舍

知人者智，自知者明。

老子

如果所有人都采取同样的方式在同样的领域寻求小小的奖励，那么真正的回报必定在他处。你得设法开采其他矿脉，而这需要你用不同的方法。它可能意味着不同的市场、不同的价值、不同的人脉资源、不同的思维，而这都来源于每个人不同的经历。正如我的一个朋友所说："不同并不意味着更好，但更好的往往与众不同。"言之有理。

在匹配的生态中优势成长

加拿大企业家布赖恩·斯库达莫尔（Brian Scudamore）没拿到高

中毕业证。高中毕业那天，他像其他同学一样走上台，准备接过毕业证，但他拿到手的是一张通知单，因为代数课缺课太多，他必须在暑假重修完代数课，才能拿到高中毕业证。

他没去重修，而是决定直接申请大学，他申请的是家乡蒙特利尔的两年制学校——道森学院。他写信恳求学校录取他，他说自己高中最后一年确实没有专注于学业，也没有下定决心，这实在不应该，不过现在他已经准备好进入大学深造。这封信见效了，他成功进入道森学院。后来，他靠自己的三寸不烂之舌敲开了康考迪亚大学的大门（该校也在蒙特利尔，学制为四年，他读了两年就离开了）。此后，他又进入不列颠哥伦比亚大学，之后再次辍学。事实证明，上大学并不适合他（虽然他十分擅长说服各个大学接收他，这点是毋庸置疑的）。当时他已经创办了一家垃圾清理公司。有一次他经过麦当劳餐厅，看见外面停着一辆破旧的卡车，车身广告写着“垃圾清运”。他想“我能做得比它好”，于是他受此启发创办了自己的垃圾清理公司，起名为“垃圾兄弟”。后来，公司逐步发展成现在的1-800-GOT-JUNK？公司，年收入超两亿美元。

斯库达莫尔的成功道路看似畅通无阻，没拿到高中毕业证也是很久以前的事了，但其实这件事一直困扰着他。斯库达莫尔告诉我，自他 1998 年创办垃圾兄弟公司以来，人们只要一谈到他就一定会加上“高中辍学”“大学辍学”这些词。

斯库达莫尔刚成立垃圾兄弟公司时，所有人（包括潜在投资人、银行、亲友）都不支持他，而是质问：“你究竟在干什么？这家公司要怎么发展呢？你连大学毕业证都没拿到，拿什么撑起一家公司？”自那时起，斯库达莫尔就下定决心，不能让别人掌握话语权，无谓地给他贴上“辍学”的标签。他说：“我决定了，接受别人议论我辍学这件事，拥抱它，让它为我所用。既然大家时刻都在提醒我这段经历，那我就换个思路，把它当作我的资产。这跟别人欣然展示他们出色的数据分析能力或者沟通技巧一样的道理。”从此，他便大大方方地和别人谈论自己的求学经历：“我一直都在实践中学习，因此我做的每个决定与辍学与否无关，重要的是我一直坚持向前，并且不断为前进的道路扫除障碍。”

辍学的标签如影随形，即便公司成立 5 年后，年收入达到 50 万美元，他还会因此受到质疑。有人问他：“你高中就辍学了，现在做的又是垃圾清理工作，你真的想一直在这行做下去吗？”

虽然这个标签一直跟着斯库达莫尔，但他现在更善于利用这个身份了。他说，总有人还是带着“辍学生”的偏见看他，但他明白每个人都有自己独特的能力和天赋，所以他现在把辍学生这个身份称为“荣誉勋章”。他说：“我就专心在属于我的那块土壤里茁壮成长吧。”“我现在反而引导人们来关注我的辍学经历，而不是避之不谈。既然有人因为我曾辍学而小瞧我，那我就利用好这一点。他们觉得我做的事是垃圾、一文不值，那我就在这儿开出花来。”

你的故事和经历都是你的基本优势的一部分。不要小瞧了你落地生根的土壤，扎根于它，茁壮成长。或者还有另外一个策略，那就是去植物更少的土地里生根发芽，这样你就不太可能被别的植物挤掉生长空间、抢占养分。

• • •

我小时候，全家人会一起去唐人街。当时没有 Yelp 这种大众点评类 App，也没办法上网搜索餐厅信息、看食客的评价，更不能像现在一样随手一搜就找到不少评分四星半的餐厅，只需花几分钟看看底下的几百条评价，就能定下一家合口味的店。

我们当时怎么办呢？因为没有熟悉的店，我家的策略就是看哪家店排队的人多。首先，爸妈会选中两家最“得体”的餐厅（其实就是队伍最长的），然后分头行动，我和爸爸排一队，弟弟和妈妈排另一队。姐弟俩充当“联络员”，在两条长队中间跑来跑去，第一时间同步给爸妈另一队的情况。等差不多排到餐厅门口了，我们就报上全家的名字和用餐人数（起码在 20 世纪 80 年代的纽约，唐人街用餐就是这个做法），之后再决定到底在哪家餐厅享用一餐。

我妈妈现在还认为“最好吃的店，排队的人也最多”，我从小耳濡目染，所以几十年来也是同样的想法。我每年都回一趟台湾，台北市中心琳琅满目的餐厅和 80 年代的纽约唐人街并没什么不同。要说排队最长的店，一定是鼎泰丰，这家店铺面不大，也很朴素，专供小笼包和淮扬菜。如今，鼎泰丰的分店遍布全球，在中国大陆和港澳地区、澳大利亚、印度尼西亚、日本、马来西亚、菲律宾、新加坡、韩国、泰国、美国、英国和阿联酋服务当地食客。不过，开在台北市大安区信义路上的鼎泰丰老店现在依旧是最受食客青睐、常客最多的店。不管你什么时候去，门外都大排长龙。每年我回台北也会去好几次，心甘情愿排长队吃小笼包。

突然有一天，我丈夫兴奋地跟我说他在台北发现了一家名不见经传的小笼包店。我起初并没在意，告诉他台北到处都是小笼包店，我们试过很多家，口味都还过得去，但没什么特别的。如果想吃特别的饭菜，大家还是会去鼎泰丰。我家这位不死心，继续跟我解释："这家真的跟别人不一样，他家的小笼包，说实话……比鼎泰丰的好吃。"虽然他在动摇鼎泰丰在我心目中的神圣地位，可听起来这家小店味道确实比鼎泰丰要好，所以我二话不说地出门去找这家神秘的小笼包店。

这家店小巧玲珑，就算满座也只坐得下 10～12 个人，而且很挤（我们去的时候没满座）。餐单上只列了 12 种商品……不过，他家卖的那几种都是我去鼎泰丰必点的小笼包。

至于味道……真的比鼎泰丰好吃很多，可以说是我长这么大吃过的味道最棒的小笼包。不光味道更好，卖相也是我至今见过最漂亮的。

这家小店是一对夫妻在经营，虽然不知名[①]，门外也没有食客排

① 我都没法告诉你怎么去那儿，这家店连店铺招牌、联系电话、营业时间都没有，而且据我了解你在 Yelp 或者其他点评网站上也搜不到这家店。每次去那儿，我都得用闽南语点餐，老板的普通话说得一般，更听不懂英语。但如果你愿意碰碰运气的话，我只能告诉你，从台北地铁的古亭站走到这家店大概五分钟的路程。

长队，但卖的小笼包味道胜过世界闻名的鼎泰丰。后来我才知道，小店的老板在鼎泰丰当过学徒。[1]有一次，他想改良当时店里卖的蟹肉小笼包，结果被开除了，四处都找不到工作。于是他干脆自己蒸了六屉包子，在家门口支了一张折叠桌，就这么卖出了第一屉小笼包。

从这个故事里，我学到了三点：第一，在吃的事情上要相信我丈夫（必须承认，这对我来说并不容易）；第二，同样的道理可以运用到游乐园排队上，排队最长的项目不一定是最好玩的（所有在迪士尼乐园排过几个小时小飞象的家长，我可以说我感同身受吗）；第三，跟着人群走确实有道理，但这么做有局限性。

我们习惯于把目光投向人潮拥挤的地方[2]，这种从众心理在很多情形下都适用，比如你想买部手机，却不知道买哪款的时候。这种思路也可能让某个行业陷入错误的发展方向，比如2000年春，互联网泡沫破灭，股市全线崩盘，又比如几年前刚过去的次贷危机，都和这一心理脱不了干系。[3]

可是，穿越人潮有时并不是件容易事。如果你能抵御多数人的意见干扰，靠自己独特的眼光发现与众不同的点，这就是你形成基本优势的最好时机，也是最可能推陈出新的时刻。

天使投资人做决策采用的也是同一策略。我针对这些投资人做过一系列采访和研究[4]，他们坦言，如果随大流，投资那些所有人都看好的初创公司，毫无疑问会获得一些回报，但如果换个角度，试着在一堆原石里发掘未经雕琢的璞玉——发现那些不被人关注却非凡出众的初创公司，则可能收获无比惊喜的巨额回报。这就需要他们独具慧眼，看到别的投资人忽视的甚至不被看好的机会。

人多的地方不一定就是好地方

1981 年，世界上第一台笔记本电脑[①]横空出世，这台电脑名为 Osborne Ⅰ，它的显示屏大概是普通索引卡的尺寸，重约 11 千克，需要配备电池组，掀开盖子后，盖子背面就是键盘，它的售价是 1 795 美元。尽管它尺寸不小，也不轻便，却是一款颠覆性的新产品，因为它可随身携带。商务人士可以把它带上飞机，这是当时其他计算机无法实现的。

Osborne Ⅰ一度大获成功，后来却在激烈的竞争中消声匿迹。随着市场期望和需求的增长，同行竞争越发激烈，数字电压表的发明者安德鲁·凯（Andrew Kay），以及共同创立苹果公司的史蒂夫·乔布斯、斯蒂夫·沃兹尼亚克和罗纳德·韦恩，他们都带领各自的公司竞相推出便携式笔记本电脑。行业技术人员不断推陈出新，相关技术迅猛发展。笔记本电脑变得越来越轻薄小巧，内存和处理能力也呈指数级增长。越来越多的人抓住机会参与竞争。

1986 年，IBM 发布了名为 IBM PC[②] convertible 的个人计算机，代号 Acorn，由威廉·C. 勒韦（William C. Lowe）等 12 名工程师组成团队设计和制造。[5]这是第一台实现商用的便携式笔记本电脑，仅

---

① 至少大多数行业专家认可它是一台笔记本电脑，因为人们确实可以携带它出行。

② PC 代表个人计算机。后来，普及“个人计算机”这个叫法的任务就落在了 IBM 头上。

重约 5.5 千克，每台售价 3 500 美元，内存 256 KB，配有两个软盘驱动器、一个 LCD（液晶显示器）屏幕，留出了内置调制解调器的空间，采用的是如今流行的翻盖设计——真是无敌！ Acorn 上市不到四个月，就登上了《时代》杂志，当选那年的“年度人物”。

随着技术不断进步，惠普、康柏和微软等公司都打算进军笔记本电脑市场分一杯羹。工程师们研发出更为齐全的功能，并不断改进：他们开发了掌托空间、定点设备（例如控制球）、触控板、可选的色彩显示和内置音响等产品特性。这些公司试图借此发掘市场上“早期大众”和“晚期大众”这两类消费者的潜力。这一做法确有道理，因为笔记本电脑普及之后，市场潜力和利润空间都很大。

到了 20 世纪初，大多数科技公司埋头向前，对当时尚未购买笔记本电脑的“后进”消费者似乎毫不关心。他们继续服务于现有消费者，发现他们对更高端的笔记本电脑产生了浓厚的兴趣，同时也发现大批消费者的兴趣点从笔记本电脑转向了平板电脑——这似乎将成为下一个市场浪潮。

果不其然，以 iPad 和三星平板电脑为代表的平板设备一经推出便大受欢迎，消费者的关注点纷纷转向平板电脑。不过这时华硕公司决定留在笔记本电脑市场，这家公司当时并不为人熟知，做出这一决定的工程师们在业界更是少有人知，它当时是 IBM 这些大公司的供应商。但是，华硕公司的工程师意识到了一点：如果他们效仿其他大公司继续钻研如何呈现更多的产品功能和特性、做出更大的改进，这种“做加法”的心态无助于他们在竞争中占据优势。因为各大公司已经在进一步完善笔记本电脑的各项性能，例如持续优化的电池技术、节能处理器、更好的显示屏、存储技术的进步、更好的连接性，还增加了集成摄像头和指纹传感器等外围设备……新产品特性不胜枚举。

因此，华硕公司决定“做减法”。他们意识到，那些还不太了解笔记本电脑的“后进”消费者其实并不要求设备有多么高端的性能，但这一消费群体身上无疑蕴藏着宝贵的市场机遇。这一群体属于落后型消费者，笔记本电脑对他们来说还是个新概念，例如年纪较大的父母辈、祖父母辈消费者，他们也需要一台笔记本电脑来收发邮件、上网，或者是玩玩“纸牌”“扫雷”“空当接龙”这些小游戏①。于是，华硕公司在2007年6月推出了针对这类消费者的笔记本电脑，它体积小、重量轻，完美地呈现了笔记本电脑应具备的所有基本功能。一台这样的笔记本电脑价格约为300美元，比市场上其他笔记本电脑便宜很多（其他电脑的均价大概在2 300美元），一经推出就获得了巨大的市场反响。[6]此后，华硕公司继续全力生产低成本、低能耗的笔记本电脑。有业界专家曾这么评价：如果说哪款产品单独成就了一个上网本类别，那么非华硕的Eee PC上网本莫属，它堪称移动计算机领域转型的典范。[7]

① 很有趣的一点：早期个人计算机里的“纸牌”和“扫雷”这类经典游戏其实是特意设置进去的。据说，设计这两款游戏都是为了教用户掌握特定的技能，迅速熟悉计算机的使用方法。例如，“纸牌”游戏的设计初衷是教用户学会使用鼠标，以及通过移动纸牌熟悉“拖”和“放”这两个鼠标操作动作；“扫雷”游戏则是特意为了帮用户学会“单击右键”和“单击左键”这两个鼠标操作动作。

• • •

选择先在人少的地方施展拳脚有一个好处：你可以先在那里尽情展示、巩固自己的基本优势，准备妥当之后再去更大的舞台闯荡。通过这一策略，你可以磨炼自己的核心竞争力，然后拓展能力圈，这也有助于你走出误区——大家总认为人多的地方就是好地方。

优秀的商学院学者瑞安·拉法埃利（Ryan Raffaelli）清醒地认识到了这一策略的重要性。他说，瑞士制表业在艰难中实现复兴，这一策略起了关键性作用。亚洲的手表制造商以低成本优势逐渐占据行业的大半江山，带有时间显示功能的智能手机和其他设备逐渐普及，这些都导致瑞士制表业遭受重创。[8]拉法埃利说，瑞士机械表的结构极为复杂，需要精巧、杰出的制作工艺，因而倍显珍贵。尽管面临智能手机的普及和对手的低价竞争，眼看着它们占据了绝大部分市场份额，但是瑞士制表商并没有随大流，而是选择回归自身，突出已有的基本优势。机械表彰显独特的风格、深刻的寓意以及杰出的传统工艺，这些特征都使其独具价值，绝不只是人们“戴在手腕上的东西”。如今，瑞士机械表在全球的销售表现处于前所未有的黄金期。[9]一只普通的瑞士表零售价通常在 1 000～5 000 美元之间，而顶级瑞士表的销售表现最为强劲——价格在 5 000 美元以上的手表占了整个机械表市场销售额的近一半。

懂得自己的基本优势，你会因此抓住大多数人捕捉不到的机会，这样你就有可能从人群中脱颖而出。此外，当众人痴迷于各种光鲜亮丽的想法时，你也能清醒地发现其中的问题。

别被“假机会”干扰

伊丽莎白·霍姆斯（Elizabeth Holmes）可谓硅谷的“掌上明珠”，她美丽迷人、善于交际，曾就读于斯坦福大学化学工程学院。2003年，霍姆斯创立了 Theranos 公司。大家应该都听说过这家公司，它正是 2018 年全球畅销书《坏血》(*Bad Blood*) 的故事原型。这家公司声称自己解决了一个极为棘手的行业痛点，迅速成为初创公司中的宠儿。他们开发了一项技术：用户不用去医院抽静脉血（有时一抽就是好几管），只需轻轻扎一下手指尖，取一两滴血，就可以得到几十种常规血液检测的精确数据（此前，人们只能通过静脉抽血来做血液检测）。

简而言之，这项技术蕴藏着巨大的商机，大到霍姆斯说动了德丰杰风险投资公司和甲骨文公司创始人拉里·埃里森（Larry Ellison）等众多大牌投资方，筹得了超过 4 亿美元的投资。Theranos 公司在巅峰时期估值一度高达 90 亿美元。公司董事会阵容可谓无比华丽，包括美国前国务卿亨利·基辛格、风险投资公司 ATA Ventures 的投资人彼得·托马斯（Pete Thomas）和法玛西亚公司（Pharmacia Corp.）的前董事长罗伯特·夏皮罗（Robert Shapiro）等人。霍姆斯和她所描绘的血液测试事业发展蓝图，让投资人、媒体甚至包括克里夫兰诊所和沃尔格林公司在内的医药界大佬都心驰神往。

故事讲到这儿都还是众所周知的情节，你或许并不知道，有一群科学家早在 Theranos 公司还没成立时就曾尝试阻止这一切的发生。

事情是这样的。早在一切还处于萌芽阶段时，就有一批医学专家听过霍姆斯的项目宣讲。听完后，“这个项目行不通”的想法在他们的脑海里挥之不去。他们无法理解只取手指尖的一滴血如何支撑多达几十项的血液测试，他们怎么想都觉得这个做法不现实。还令他们满心疑惑的是，按霍姆斯这种方法得出的数据如何达到美国食品药品监督管理局（FDA）批准的医学测试准确性要求。

这些科学家质疑的根据是人类生理学常识，这恰好是他们能力圈内的专业知识。他们的想法很简单：手指尖的一滴血跟静脉抽取的血液不是同一概念。从手指尖获得的血液首先要经过脂肪细胞流经人体筋膜层，再进入最接近皮肤表面的小毛细血管。葡萄糖一类的小分子确实可以通过这条路径在血糖测试中呈现足够准确的数值，但对于其他更大的分子，例如由激素组成的蛋白质和由胆固醇组成的脂质，检测基于手指尖戳取的血液还是静脉抽取的血液，两种情况下它们被检测出来的概率相差悬殊。后来随着时间的推移，霍姆斯和她的项目渐渐淡出了这些科学家的视野。

但当他们看到铺天盖地有关霍姆斯的报道时，他们的记忆立刻被唤醒了。起先是兴奋，后来随着相关技术问题不断涌现，他们内心的质疑越积越多。《华尔街日报》撰写了一系列报道揭露 Theranos 公司如何捏造数据，说他们的检测结果来源于传统的检测仪器，而不是他们声称的自己发明的血液检测设备。真相浮出水面，美国联邦监管机构对霍姆斯下达了至少两年不准涉足血液检测行业的禁令，她的独角兽公司则因欺骗消费者而受到刑事调查。

既然是个骗局，为何众人都没识破霍姆斯的把戏？一早就有科学家敲了警钟，为何那么多大名鼎鼎、广受尊敬的人还是选择和Theranos公司站在同一阵线？首先，霍姆斯本人确实是一位魅力十足的女性创始人，她懂得如何让别人为她着迷。其次，她也是女性创业者的标杆，投资人可以自豪地向别人介绍霍姆斯是他们发掘的冉冉新星，把她视为女性创始人的成功典范。此外，霍姆斯还擅长营造神秘感，她借知识产权的名义绝口不提公司的技术和运营细节，开启神秘的“隐身模式”。但以上种种只是表象，背后最大的原因恐怕是机会，正是因为背后蕴藏巨大的机会，才吸引了投资人豪掷数亿美元、开发人员耗费十余年时间。对机会的渴望如滚雪球般将事实真相层层包裹，直至谎言完全将破绽遮盖。

有的人能敏锐地察觉到创新背后隐藏的危险和机会背后潜藏的弊端，这些人往往比那些受人追捧的创新者更有能力创造转机。察觉到不合理之处，就更有可能看见别人轻易发现不了的漏洞。做到这一点，靠的是“模式识别”（计算机术语），或者说“穿珠子”的能力，也就是能够把技术、人口统计学、社会力量、市场、政府政策等方方面面的变化系统联系起来综合思考的能力。要懂得如何进行“模式识别”或“模式匹配”，你必须清楚一点：拼图的各个重要板块之间能否完美匹配。

要做到“模式匹配”，不一定必须具备某种专业知识或技能。前不久，一位叫山姆的年轻发明者找到我介绍他的创意，他说他给雨伞的使用找到了一种非常得体的解决方案。大家想想看：雨伞这东西有时其实很“鸡肋”。没错，它能派上用场，下雨的时候能让你不被淋湿，但它也存在许多弊病，我不用多想就能列出一大堆用雨伞不方便的地方。比如，外面在下雨，你收伞进了楼，结果伞上的水滴下来，弄得到处湿答答的，倒是可以用塑料雨伞套，不过说实话没人愿意用（有些人用它是因为旁边还有其他人看着）。用伞还要开伞，要收伞。下雨天搭车的时候，要迅速收伞，开门钻进车里，还要努力避免自己被淋湿，真是太难了。如果碰上下雨天刮大风，伞还可能被吹得翻过来——里朝外，那样子别提多傻了。

所以，当山姆告诉我，他的创意能解决以上所有困扰的时候，我非常认真地听了他的想法。他带来了一个很酷的产品原型，大家可以想象成《星球大战》里光剑手柄的样子。按一下伞上的按钮，会喷出一股强大的气流，并在使用者上方形成一个空气罩，它的形状就像普通雨伞的伞面。下雨时，雨水会落在空气罩上，然后慢慢地向四周滑落。很酷吧？山姆还想到了要设置安全机制，比如，避免喷出的气流冲击使用者的眼睛，从而保证使用安全。如果要收伞，只需要再按一次按钮，气流就会缩回去。这样再也不会弄得到处是水了。我想，大家听完都想要一把这样的伞。的确，山姆组织了几十次焦点小组采访，受访者全都积极响应，声援他开发这种全新概念的雨伞。

他问我是否愿意投资他的项目，我拒绝了。虽然他的产品看起来不错，焦点小组的反馈也很好，但我还是没投资。我有朋友也做初创公司的早期投资，他们有人投资了山姆的项目。没过多久，第一批雨伞生产出来并投放市场。几个月后，山姆意识到根本没人愿意买他的伞。

先不讲为什么没人买他的伞，我先说说为什么没投资这个项目。是什么原因让我在最初接触这个项目时就意识到要去“穿珠子”，而其他天使投资人却没发觉这个项目的弊端呢？你知道劣质产品自有其劣质的必要性，因为并非所有问题都需要一个得体的解决方案。我没投资是因为当时我面前虽然摆着这个看似不错的投资机会，但我跳出了思维定式，没有盯着“使用不方便”这一点不放。

你知道使用雨伞还有一个烦人的地方是什么吗？那就是，十有八九，下雨了但你没带伞。所以，每次我都会迅速冲进一家 CVS 药店，花 5.99 美元买一把伞。我的伞买一把丢一把，无一例外。可是，丢一把 5.99 美元的伞，我不心疼，丢一把价值 199 美元的“光剑”就不一样了。

是的，山姆那把伞卖 199 美元，所以才没人愿意掏腰包。

焦点小组的受访者们被问到一个问题：你愿意花多少钱买这把伞，200 美元愿意吗？不过，伞没卖出去与此无关。

问题在于焦点小组的人满脑子想的都是这个产品蕴藏的商机：你看，这个强劲气流的设计充满了美感，这个产品多有创意、能够解决多少用伞的烦心事啊！但他们没想到的是，要是弄丢了这把价格不菲的伞该怎么办。

生活中有些人总是见解独到、能敏锐地察觉事物的不合理之处和实质性缺陷，他们常常受到转机的垂青，从而占据优势地位。例如，拯救手头的项目，让公司幸免于难，让自己避免遭受巨额经济损失，不必去处理可能出现的尴尬局面。

在生活中，很难听到与我们的观点截然不同的观点，因为我们习惯与有着相似信念和价值观、相同爱好的人交朋友。我们在这个朋友圈内与人交往。因此，你如果能发出不一样的声音，这就可能是你创造价值的机会。

山姆在市场上碰壁之后来找过我一次，想要和我探讨产品的设计。我向他说明了为什么我没投资这个项目，而且主要原因也不在于产品的设计问题。听了我的反馈，山姆决定把精力转向其他市场领域。现在，他经营着一家颇为成功的主打生活方式的公司，公司年收入超过 200 万美元。他们的产品功能齐全、设计巧妙，包括婴儿背带、婴儿推车、幼儿自行车和其他母婴用品。值得一提的是，许多产品都设计了外罩，用来防紫外线、防风。你再猜猜还能防什么？对了，防雨。

• • •

健康意识颇强的精英人士有一个共识：要多吃水果和蔬菜，只买有机食品和散养动物制品，远离“坏”碳水化合物和麸质。你身边肯定有人这么做，说不定你自己就是这么吃的。

2013 年，道格·埃文斯（Doug Evans）创立了 Juicero 公司，主

打一款健康产品，在健康人士圈里获得了不错的反响。这是一台科技感十足的 Wi-Fi 榨汁机，无论你是躺在床上还是待在家里任何地方，无论何时，只要手指轻轻一点，就可以舒舒服服地等着享用一杯鲜榨果蔬汁。用户只需把 Juicero 公司提前配好的果蔬材料包放进机器，就可以立即享用一杯营养美味的果蔬汁。（这台机器可以使用任何移动设备控制。它和 Keurig 咖啡机类似，只不过出来的是果蔬汁而不是咖啡。）

凯鹏华盈（Kleiner Perkins）和谷歌风投（Google Ventures）两家公司给埃文斯投资了 1.2 亿美元。这款榨汁机定价 699 美元，每份果蔬材料包均价 6 美元。谁不想买一台这样的机器抱回家呢？

埃文斯算不上硅谷的资深人士，但他言语间满是自信，逢人便夸自己的产品好，一说起来就激动不已、欣喜若狂。他曾说："天下的果汁不都一样。""你怎么衡量生命力？又怎么衡量'气'？"[10]

你可能在猜故事接下去的走向，心想：刚才 199 美元的雨伞用着不顺手，699 美元的榨汁机用着不也一样不省心吗。不过凯鹏华盈和谷歌风投的投资人不这么认为，对他们来说，一台用 Wi-Fi 连接的榨汁机意味着崭新的商业机会。埃文斯把这台能够施加工业级强压的榨汁机推到了投资人面前，描述它如何把水果和蔬菜榨成汁，为千家万户送去新鲜浓郁、营养丰富的果蔬原汁。不愿掏钱买这台机器的人脑子里的想法，这些投资人是理解不了的。

更重要的是，当局者迷，这些人最后都没察觉到这款产品的一个致命弱点。后来，两名彭博新闻社的记者写了一篇文章，暗示消费者用 Juicero 公司提供的果蔬材料包可以徒手挤出汁来，完全没必要花 699 美元让一台机器代劳。

手挤材料包很快就出汁了，一点儿也不费劲，而且挤出来的果蔬汁的模样和味道跟那台昂贵的榨汁机榨出来的并没什么不同。风险投资人本·爱因斯坦（Ben Einstein）斥责说这根本是“在设计过程中没有成本意识”的表现。在技术和设计上投入巨大，结果发现根本是多此一举。说到底，这是富人的烦心事，因为有钱人觉得所有人都跟他们一样需要这台机器，他们的想法是家里有台这么厉害的机器能榨果汁何必自己动手。

所以，这时候往往需要一个圈外人来“穿珠子”。众人叫好的时候，这个人要能察觉到不合理的地方，提出不同意见，挣脱常规思维。因为，解决问题的最佳方案往往并不显而易见。

那么，回归本书第一部分的标题，我们要如何利用自身的基本优势，让自己“富有价值”呢？

你要意识到，可以先在竞争不那么激烈的地方开始努力，花时间丰富自己的阅历，从一个新手变成专业人士。你要投入心力培养基本优势——你自己独特的基本优势，而不是别人的。

你要明白，做好任何事情都需要时间见证。希望你享受过程，欣然度过每一天，并且一天天见证自己的进步，这样你就能在收获时节尽情绽放。本领练到家了，即使竞争环境激烈，也不用担心被淘汰出局。

最后，希望你放松心态，珍惜自己的基本优势和独特视角，它们很宝贵。你不一定要像质疑 Theranos 公司的医学专家们一样拥有独特、出色的才能，或是像彭博新闻社的那两位记者一样目光犀利，能看透 Juicero 公司产品的弊病，但无论如何，你都有能力创造属于自己的转机。

破局思维三

人扎堆的地方不一定充满机遇，
选对赛道比做好更重要。

4
有限制才有突破

生活留给我柠檬，我却做出了巧克力蛋糕。

有人“酸”我？只管“酸”去吧。

印在一件T恤上的话

拥抱不利条件，借势突破

每年，我们几个大学时代玩得最好的朋友都会找机会一起待一整个周末。我们各自生活在不同的地方，一个在圣迭戈、一个在威斯康星、一个在科罗拉多，还有一个在爱尔兰（我这个同学住在爱尔兰，但因为她是小提琴家，不断到世界各地演出，所以我们永远不知道她某个时间点到底在哪里）。因此，我们每次都挑不同的地方聚会。

两年前的聚会，我们约在了拉斯维加斯。事先声明，我们当中没谁是赌场老手，几个人在老虎机那儿悲壮地试了几手，也玩了几把 21 点，但手气不好，我们后来开玩笑，说当时牌桌上有一位先生肯定是个“冤家”[①]。之后我们就去了胡佛水坝，这是除赌场之外拉斯维加斯另一个吸引游客的名胜。

胡佛水坝原名博尔德水坝，是世界公认的人类建筑、工程和建设壮举之一。它在“美国国家历史地标”榜单上赫赫有名。1994 年，美国土木工程师协会将它列入“美国七大现代土木工程奇迹”名单。胡佛水坝高约 220 米，堤长约 380 米，整个工程耗费了 500 万桶混凝土。水坝厚度约 200 米，足以承受科罗拉多河湍急的水流，并为美国西南部地区提供充足的电力和水源。

这座水坝鬼斧神工，令人着迷。据我了解，动工开建水坝之前，工人们面临着另一项艰巨的任务——将科罗拉多河分流，这样他们才能下到峡谷底部，浇筑地基。在水坝正式开建之前，这个预备项目花费了整整一年时间，开凿了四条隧道来分流河水。

最终在 1933 年 6 月 6 日，第一桶混凝土倒入地基。混凝土通过铁路货车运输到现场，并当场进行混合，再通过悬空的混凝土吊斗装置，每 78 秒将一桶混凝土倒入地基。有一点让我印象尤其深刻：不管混凝土浇筑的速度多快，都必须等它冷却，进行养护，从而保

---

① 出于兴趣，我稍微了解了一下。据说，“冤家”（Cooler）是赌场雇来的，他们的任务是见势干预一下牌局、在押注的时候搅动底池、跟牌桌上连胜的玩家过招。不过，关于赌场里是否存在“冤家”一角，尚存在争议。

证整个建筑结构扎实、稳定，但如果使用传统方法，胡佛水坝这些混凝土怕是要让人等上 100 多年才能派上用场。（我从没想过自己有朝一日会痴迷于研究混凝土。）

可是，养护这个步骤又不可能直接跳过，因为养护过程中水分子会聚集到混凝土的微观结构内，使混凝土内部黏合更紧密、整体结构更坚固。这一过程会释放出大量的热量，因此工程师们不仅要想方设法缩短长达百余年的养护过程，还必须确保整个地基的混凝土能够均匀冷却。如果冷却不均，会产生压力，导致混凝土出现裂纹，使得水坝不坚固。如果发生这种情况，即便混凝土冷却也会裂开，这样大坝就报废了。

工程师们是如何应对的呢？他们决定把混凝土倒进一个个单独的垂直柱状块，对每个柱状块进行均匀冷却处理。具体做法是这样的：他们在工地设置了一个氨制冷厂，每天生产 500 千克冰块，然后将生产出来的冰块倒入一个大型的红木结构进行蒸发，得到的冷水持续注入每个柱状块里预埋的输水管，形成水循环，从而达到使混凝土均匀冷却的目的。

等到下层的柱状块全都达到冷却要求，工人们才会继续往上浇筑新的柱状块。工作人员会仔细测量进入循环系统的冷水温度，之后才会继续推进其他工序。

用“震撼”一词描述我当时的感受一点儿也不夸张。我在现场看到一些露出地面的混凝土里面埋着一些输水管。其实，为了让大坝更稳固，大多数输水管后来都被灌满了混凝土。整个水利工程用了将近 966 千米钢管作输水管，分散在每个柱状块中。胡佛水坝可谓坚不可摧，目前最高可承受约 310 兆帕的水压。

最终，整个工程比预计时间提前两年完工。

• • •

在第 3 章中，我们变换方式探讨了一点：发现自己的基本优势之后，如何利用这些基本优势让自己富有价值。其实，条件限制也一样，我们也可以利用它创造独特的机遇、发现和运用自身优势，从而让自己富有价值。条件限制会改变我们的前进轨迹，甚至在我们因它而感到无路可走时，它也能让现状发生变化。

我小时候曾深深地体会过这种被条件限制束缚住手脚的感觉。四年级时，我的老师发现我在标准化考试上的分数特别高，这是我们每年都要参加的考试，学校用它来发掘学生在数学、阅读理解、语言艺术这三个领域的天赋。如果只看分数，我完全有资格入选学校的“小天才计划”，但当时没有哪个学生是因为分数达标而入选这个学习计划的，纯粹靠老师推荐，所以我的老师请求校长给我额外加了一连串测试，要看结果才肯决定是否推荐我加入这个学习计划。之后的测试结果和我的判断完全一致：我的数学测试分数很高，另外两门的分数更高。

最后，老师同意推荐我加入“小天才计划”，不过只能去上数学项目里的两门课，将我排除在阅读和语言艺术项目外，他们要求我留在原来的班级上课。于是，我成为学校唯一只参加“半个计划”的学生。老师说因为英语不是我的母语，所以不能让我去上英语阅读和英语语言艺术课。我尽了一个 9 岁小女孩最大的努力向他们解释：英语确实是我的母语，而且我会说另一门语言一点儿也不妨碍我的英语能力。徒劳无用，就这样，一个 9 岁小姑娘形成了她对“条件限制”这一概念的认知。

这个世界似乎不停地提醒我条件限制的存在，我在大学一年级时又遭遇了相同的状况。每位新生在入学第一年都要求修“大学写作”这门课，我提交完第一份写作任务后，得到的分数竟然是 F，这让我大跌眼镜。吃惊之余，我找到讲师想弄清楚自己到底是哪里做得不合意，他的回答如此耳熟：“没关系，因为英语不是你的母语，所以掌握英语写作是要花点儿时间的。别着急，慢慢来。”

我猜这位老师是看了我的姓氏之后下的这番定论。[1] 几天后，我在课堂上遇到了一个亚洲女生，几番试探性的眼神交流之后，我俩说上了话，不约而同地问了对方那次写作任务的成绩。果不其然，我俩的得分一样糟糕。①

所以我们决定主动出击，去“驾驭”这一条件限制——尽可能多地提及我们所谓的“母语非英语者”身份。于是，在我的第二份

---

① 多年后，学者索尼娅·康（Sonia Kang）、凯瑟琳·迪塞尔斯（Katherine DeCelles）、安德拉什·蒂尔克斯克（András Tilcsik）和索拉·郡（Sora Jun）的研究结果证明了我俩当时的猜测，这几位研究人员发现，多达 40%的少数族裔在求职时都会“洗白”自己的简历，换成更像西方人的名字，低调处理种族相关的信息，希望通过这种方式避免求职评估中的歧视，从而成功找到工作。

写作任务中，我描述了自己作为一个母语非英语的学生在成长道路上面临过哪些挑战，以及如何成功应对了这些挑战。我还表达了庆幸之情，我说这堂写作课就像一场及时雨、一份礼物，能帮助我弥补语言上的不足，实现成长。那位老师完全没听出我言语间的讽刺，最后给了我 B- 的分数。

如果你能承认条件限制的存在，你就会看见奇妙的变化。遇到了困难，我们要学会利用它，让它在背后推我们一把，推向成功。如果能秉持这种心态，我们就是在一刀一刀地雕刻转机。把重心放在自己身上，不要被别人牵着鼻子走，这样我们就令自己富有价值。只要你不让别人把控住条件限制，就能实现我刚才所说的这些。

机遇只服务独立思考的人

我在课堂上常带学生们做这样一个练习，我会准备几个信封，每个里面塞 5 美元，分发给每个组，让学生作为“种子资金”。他们可以用这笔钱作为启动资金，随自己心意确定创业内容，唯一的要求是盈利。一周之后，各组要向全班展示自己的创业项目，并公布赚了多少钱。

之所以设置这个练习，是要引导他们在 5 美元的条件限制及资源有限的情况下搜寻机会，从而训练创业直觉。学生们确实把创业精神发挥得淋漓尽致。给大家列举几个创业项目：有的组选择提供洗车服务，用这 5 美元买了洗车需要的海绵、清洁剂、车蜡等材料；

有的组开展社区跳蚤市场和促销活动，向每位摊主收取“场地费”，然后用5美元为各个摊位制作宣传页；有的组用5美元能买到的食材做了烘焙小食出售。这些小组表现都不错，以5美元的成本换来了可观的收益，通常都能赚回四五百美元。①

想看看盈利最多的小组是什么情况吗？5美元，他们一分钱都没动。这给所有人上了一课，我至今记忆犹新：盈利最多的小组（曾经有一个组赚了4 000美元）完全没动用这5美元，他们看问题的视角全然不同，懂得利用现有资源最大限度地创造收益。

人们眼里常常只看得到条件限制，即便在机会面前也是如此。[2] 他们环顾四周，观察哪里有创造价值的机会，然后锁定目标，盯准最醒目的机会——那些5美元的条件限制下可以利用的机会。这么做其实已将其他许多机会拒之门外，比如那些你可以用4美元、3美元甚至分文不花就能利用的机会。更要紧的是，只盯着5美元，就把价值上千美元的机会都排除在外了。你看，5美元此时成了一把枷锁，限制了同学们的想象。当他们着眼于手上的5美元时，心想可做的事情太多了，于是一头埋进这些显而易见的机会里，譬如洗车、

① 只有一个例外，几年前，有一组同学的做法很有意思。他们其实一分钱也没赚到，那么这个小组在课堂项目展示时是怎么解释的呢？他们说，这笔钱让他们束手无策。在“怎么用5美元实现盈利”这件事上，小组成员无法达成一致，因此他们转而专注于追求“生活质量”，而非“盈利数额”，决定用5美元和他们心爱的人共度一晚。但即便确定了这个思路，学生们还是被这5美元绑住了手脚：到底怎么用它呢？他们说：“5美元，只够给心爱的女孩买两枝花，或者去Costco超市买一整只烤鸡。”（是的，Costco的烤鸡每只售价5美元，而且没错，小组全体成员和所有约会对象需要共同分享这只烤鸡。）

摆果汁摊、卖烘焙糕点。大部分人都是这么思考问题的。

风险投资人阿兰·汉密尔顿（Arlan Hamilton）曾说："如果我一无所有，那就再没有任何东西阻挡我成功了。"她在创业之初曾无家可归，睡在汽车里。现在，她刚刚为最新投资的一只基金筹到了1 000万美元的投资款。[3]

那些盈利可观的小组将一切清零，因此"视限制为无物"，他们的创业项目到底是什么呢？其中一个小组认识到自己当时最具价值的资产不是信封里的5美元，而是他们一周后在课堂上进行展示所占用的那段时间，于是他们决定把这段时间"卖"给一家正在招募学生做季节性兼职的公司。他们为这家公司制作了一支宣传短片，并在一周后的项目报告课上播放给其他组的同学看。

另一组同学的思考方式类似，他们也没去考虑那5美元，而是先盘点自己手上有哪些"资产"。他们首先将每位成员擅长的内容列在一张表上，把各自的特长整合起来后发现大家真是多才多艺，而且能力出众。于是，他们决定组织一期工作坊，传授这些技能。他们用苹果手机给每位成员拍了一条宣传片，作为才艺展示。之后，他们把视频转发给朋友们，拜托他们也转给更多的朋友。最终，共有20多人报名工作坊，人均收费20美元。

还有一组同学在校园主干道搭了个亭子，免费给过路的同学测自行车胎压。如果测出来胎压不足，他们就收取1美元帮车主打气。学校附近的充气站打气不收钱，但大家更愿意图方便花1美元在校园里搞定。但这组同学心里过意不去，所以第二天就不强制收1美元了，他们在亭子里放了个收款箱，要打气的人随意投钱进去，结果他们的收入反而增加了。

过往最出色的项目中，有一个小组组织了一场“移动晚餐”，把开胃菜、主菜和甜点都设计在不同地点进餐。下午 5 点半，你会收到一条短信，上面写着享用开胃菜的地点。你只需要露面，到那儿之后会遇到四五位共同进餐的人，在此之前你们并不知道对方的身份。到了下午 6 点钟，你会收到另一条短信，通知你更换地点享用主菜，在那儿你又会跟完全不同的朋友一起用餐。同理，到了晚上 8 点钟又换到另一地点享用甜品。活动的最后，你会收到一条写着酒吧名字和位置的短信，50 名参与者最后都会聚到那里。这场活动很有意思。活动费用提前支付，包含了每个用餐场所的饮食开销，盈利则归这个创业小组所有。通过这场活动，他们发现了一个难题，这也是他们后来致力于解决的问题，即社交活动并不总是有趣的，结识新朋友也不是那么容易的事。

课程结束几周后，我从“移动晚餐”创业小组成员那里了解到，这场活动非常成功，他们决定把它做成每月一次的常规活动，并且正在筹备下一顿移动晚餐，我受邀参加这场活动。（我真的参加了。）

• • •

条件限制不一定会束缚住你。在创业之初，身无分文的人可能后来的成就更大，因为他们不依赖于那 5 美元，他们专注于机会，而不是被限制条件束缚住。这一想法让他们得以拓宽思路，考虑自己目前拥有的“资产”，逼着他们跳出 5 美元的限定条件，去找寻更具价值的机会。如果你让别人把控住条件限制，即认为自己能用的就只有 5 美元，那么你可能无法把握真正属于自己的机会。

我的一名学生说得好：“不要跟着钱走，要跟着价值走。”（两者确有不同。）这一思路也适用于我们每个人。我们很容易被别人给出的限制条件牵着走，以至于畏首畏尾，无法跳出这些约束思考问题。这时，我们聚焦的是自身的弱势，是我们不具备的能力。

这一论断有充足的研究支撑。[4] 人们在求职时，经常判定自身条件无法满足岗位要求，因此尽管他们确定这些工作是他们热爱的，最后却连工作申请都拒绝尝试。①

假设你看到一个很棒的工作机会，它要求申请者有 6～8 年工作经验，而你只有 4 年工作经验，或是这份工作与你目前所在的行业不一样，又或是职位描述里列出了一些你从未尝试过的内容。

你要做的不是望而却步，而是跳出这些条件限制，找寻突破的机会。问问自己，这些职位要求，我满足其中三条或者更多条件吗？如果答案是肯定的，那么你就需要想办法突出自己已经满足的那几项条件，解释清楚为何这几条对你申请的职位至关重要。很多人习惯给自己制造限制条件，我们不应该给自己强加额外的束缚，而应该去寻找机会，看我们能在哪里创造价值。

---

① 女性尤其容易落入这个陷阱，因此就算一份工作与她们十分匹配，她们也不愿去申请。尽管事实是，超过 40% 的男性也认为自己不符合条件，但他们的决定与女性不同。

我们在受教育过程中处理的都是已经提前界定好的问题，而在生活中并不存在现成界定好的问题。位于美国圣路易斯的华盛顿大学有一个研究团队，团队成员马库斯·贝尔（Markus Baer）、库尔特·德克斯（Kurt Dirks）和杰克逊·尼克森（Jackson Nickerson）研究了一个命题：由于不够重视问题的界定，我们实际上常常给自己施加限制。[5]给自己设限的表现之一就是不用能解决问题的方式界定问题，因此错失了能使自己富有价值的机会。我们没能界定出真正的问题，因而导致自己裹在套子里被束缚住了手脚。

用解决问题的方式界定问题

我曾为一家初创公司提供咨询，这家公司成长得很快，但当时在销售上遇到了瓶颈。他们出售的是一整套设备，能够帮助大型制造企业管理生产流程。公司创始人十分担心，害怕他们的产品不再能吸引客户，所以他希望我帮他参谋参谋，看看需要给产品添加哪些新特性。本来是直接找产品团队讨论的事，但我决定先和创始人团队沟通一番，深入了解他们的整个销售流程。令人大吃一惊的是，销售业绩下滑的原因其实出在销售的最后一个环节。我们发现，销售团队很难守住跟客户商量好的价格，一直在给客户推荐额外的产品特性。你看，公司管理层以为是产品不好，结果根本不是产品的问题。

人们更愿意把重点放在解决问题上，而且对此颇为擅长。例如，我们希望招募人才，为那些具有战略意义的问题找到宝贵的解决方案。我们将不同背景和专业的人才汇聚一堂，希望组建跨职能、跨学科的顶尖团队。但如上种种做法往往徒劳无功，因为在高效解决问题之前，我们首先需要弄清楚的其实是待解决的问题到底是什么。

假设你的任务是设计赛车，例如世界一级方程式锦标赛或纳斯卡大奖赛中使用的赛车（这些比赛中实际使用的车辆有所区别），这正是许多赛车工程师面临的问题。大多数赛车工程师的目标是什么呢？就是造出跑得最快的赛车，毕竟超过另一辆赛车最好的方法就是跑得比它更快，对吗？

奥迪公司的首席工程师不是这么想的，他重新剖析了这个问题，并没有一上来就找解决方案。[6]他问同事："假设我们的车跑得不是最快的，但想在勒芒 24 小时耐力赛①上夺冠，怎么才能做到呢？"他的设计团队围绕这个问题展开思考，并且想出了一个全新的解决方案——提高能效，这样就减少了赛车在比赛中途进站的次数，弥补了速度上的不足。得益于这项创新，奥迪车连续四年在世界著名的勒芒 24 小时耐力赛上夺冠。

传统观念认为我们往往倾向于"直奔结论"，其实更准确地说是我们更容易"一头扎进去解决问题"。因为学校就是这么教我们的，求学的时候，我们需要处理的是已经设定好的项目、设定好的案例，但在象牙塔之外，大多数工作本身首先需要我们判断的是实际存在

---

① 勒芒 24 小时耐力赛是现在还举办的汽车赛事中历史最悠久的比赛，1923 年在法国勒芒附近的小镇首次举办，是世界上最负盛名的赛车比赛之一。"汽车运动三大赛事"中，除了勒芒 24 小时耐力赛，还包括印第安纳波利斯 500 英里大奖赛和摩纳哥大奖赛。

的问题或待处理的工作到底是什么。

华盛顿大学的学者们建议，为避免直接跳到解决方案这一步，在界定问题时必须更细致，具体体现在两个阶段：首先框定并明确问题的症状或表现，其次提出问题或界定问题。

把这套学术说辞翻译一下，用我无比智慧的朋友斯坦·范·布里（Stan van Bree）的话说就是："不要把你的问题变成我的问题！"你需要向条件限制靠近一步，接受它、拥抱它，而不是避之不理，这样你才能让自己富有价值。不要被别人定义的条件限制住，阻碍你发现自己真正面临的问题和解决方案。要让条件限制为你所用，帮助你创造价值。同样遇到条件限制，如果你的处理方式和别人不一样，你就能赢得转机。

条件限制是好事，也是资源，因为它能帮助你创造价值。缺少这些条件限制也不行，因为这样一来，你能够创造和提供价值的机会就变少了。

• • •

1959 年，约瑟夫·L. 曼库索（Joseph L. Mancuso）在纽约巴达维亚的一个仓库里创立了巴达维亚工业中心，这是世界上第一家企业孵化器。曼库索的目标是为各个公司提供一个共享空间，让他们在那里"孵化"想法和创意，同时在资源方面创造规模经济效应。因为这些公司往往缺少法律、会计、计算机和资金等方面的服务及资源。

20 世纪 80 年代，孵化器在美国进一步发展，并以创新中心、企业发展中心和科技园等多种形式传播到了英国和欧洲其他国家。与此同时，企业孵化器（商业孵化器的一种特定形式）开始出现。每个企业孵化器在一个特定企业内运行，现在许多大型企业都设有孵化器：英特尔公司有英特尔资本，谷歌有谷歌风投，脸书有"脸书创业公司车库"，客户关系管理软件服务提供商 Salesforce 公司有 Salesforce 风投，洛克希德·马丁、杜邦、可口可乐、劳氏、甲骨文还有沃尔玛，这些公司都设有孵化器。（为纪念沃尔玛早期尝试商店布局时选定的一个位置，沃尔玛将孵化器命名为"8 号商店"。）

企业孵化器背后的高管们接受了这一概念，认为孵化器的体系使得概念构思和进行测试变得更加容易。[7] 他们可以通过孵化器从外部引进新奇、有创意的想法，壮大企业自身的实力。这些大企业可以利用自身的资源吸引创新人才，而且由于孵化器没有建在传统的象牙塔内，所以更容易形成一种利于孵化想法、提倡实验的文化。

孵化团队能够针对赞助企业当前的业务模型和能力，提出适合它们的创新想法。这些想法可以毫不费力地从孵化器转移到企业。之后，企业利用其现有架构和庞大的资源，快速、大规模地利用新的商机。

上面这些点子听起来棒极了，对吗？想法好，意图也棒。但问题来了——这些点子不管用。[8]

为什么？因为真正伟大的公司是在车库里起家的，在那种环境中创业的人有一种紧迫感，他们害怕钱会用光，他们挤破头赶在竞争对手之前推出新产品，他们心里始终忐忑，因为不确定自己的产品能否引起客户的共鸣，他们甚至担心锁定的客户群是不是真正有潜力的客户。总之，这些公司处处面临着条件限制。企业孵化器之所以不太成功，是因为它们不受太多条件限制，而这种安逸、缺乏约束的环境是实现创新的大敌。

相比之下，那些本就属于企业孵化器一部分的公司呢？这些公司的研究人员非常清楚孵化器拥有企业的资金支持，他们明确地知道要服务哪些客户，（自认为）了解客户需求，而且如果他们愿意，每天下午 5 点就可以准时下班回家。他们缺少的是那些初创公司创始人承受的恐惧和不安。[9]

大企业则远远高估了自己对“寻求何种创新”这一诉求的了解程度。例如，谷歌风投可能会和孵化器项目的初创公司沟通，要求他们想办法组织世界范围内的信息，确保这些信息是有用的且用户都能搜索到。谷歌公司占据了美国在线搜索市场 75% 的份额，每月有数百万用户进行数十亿次搜索。因此，谷歌孵化器的初创公司正是照着这个思路去开展工作的。

很快，初创公司意识到他们提供的伟大创意或宝贵商机逐渐在赞助企业里销声匿迹。也许是因为这些创意不适合企业现有的价值定位、客户体验或业务能力，也许这些创意无法在大企业里实现有效复制，更糟糕的是，它们或许挤掉了赞助企业已有产品的生存空间。看看谷歌的例子就明白了，谷歌风投所赞助的初创公司后来发现，谷歌分别斥资 16.5 亿美元、9.96 亿美元和 32 亿美元收购了视频分享网站 YouTube、基于 GPS 的导航软件 Waze 和智能家居设备制造商 Nest Labs。于是初创公司心想：你让我们专注于做在线搜索，自己却花数十亿美元收购那些做视频分享、路况模式和控制温度湿度的公司？

在这一点上，企业孵化器达到的效果与其初衷背道而驰，孵化器的存在削弱了企业的创新能力。孵化器的目的是要帮助初创公司免受某些条件的限制，但问题是缺少这些限制反而削弱了初创公司创造价值的能力。

条件限制会约束我们，它们是每个人生活中不可避免的部分。比起置之不理，我们能做的是探索这些条件限制、重视它们。我们常常意识不到条件限制也有其独特的价值。从很多方面来看，你需要它们。如果哪天你能察觉到条件限制的存在，同时不受它束缚，不让它限定了自己的无限可能性，那么你就能逆风翻盘，创造优势。

破局思维四

拥抱限制，才能创造机会。

5
训练指数型思维

如果给我八小时砍倒一棵树，我会花六小时把斧头磨锋利。

亚伯拉罕·林肯

前几天我去剪头发，美发师珍妮看到我发际线右侧有一块瘀伤。出乎我意料，珍妮认真地检查这块伤，然后问我："天哪，发生什么了？"

我平常就和珍妮聊得来，于是跟她解释："我那天在客房整理床铺，床是靠着墙的，所以靠墙那边的床单不好铺平。反正后来就是为了把床单铺平整，我的头撞到了床头，疼得我骂人的话都说出来了……"

珍妮很快对我的故事失去了兴趣（然后告诉我哪儿又新长出来

了几根白头发)，紧接着开始和我讲她从朋友那儿听来的消息，她那位朋友也是美发师，住在芝加哥。

她问我："伊利诺伊州要求美发师必须参加跟家庭暴力和性骚扰有关的培训，你听说了吗？"我很吃惊，接过她的话问："是因为美发师比其他人更容易遭受家暴吗？"

并非如此。但珍妮告诉我，家暴的受害者更有可能在他们的美发师面前开口，透露一些被家暴的细节。美发师和店内工作人员很善于和顾客拉近距离，如果他们发现顾客有什么不对劲的地方，以他们的身份也很适合询问更多的细节，甚至可以给那些家暴受害者提供帮助。

克里斯蒂·帕斯卡万（Kristie Paskvan）创立了"芝加哥拒绝家暴"组织，这是伊利诺伊州的一个地区组织，致力于提高人们对家庭暴力的防范意识。克里斯蒂说："别人给你做头发的时候，你实际上和他们建立了一种联结。这是一种很特别的关系，在这种情况下家暴受害者容易开口吐露心声。"[1]

这给维权人士带来启发：要求美发师和相关从业者参加与家庭暴力和性侵相关的培训，让他们了解遭到家暴的人身上有哪些迹象。培训从2017年开始进行，目的不是让美发师成为咨询师或治疗师，而是培养他们形成意识，去发现顾客遭到家暴的迹象，同时倾听他们的声音，分享相关的资源或在必要时引导他们寻求支持性的帮助。这些美容美发行业人员不需要提供咨询服务，其实即使顾客向他们透露了遭受家暴的事实，在法律上他们也不需要上报，但他们的努力大大有助于预防家暴的发生。

我很欣赏这一做法，有创意，很机智。这一计划的核心是给家暴受害者一个发声的途径，让他们有机会接触到重要的求助信息，并潜在地阻止家暴的发生，救自己一命。这一做法也认可了直觉的价值，证明了伟大的想法来源于对未知的直觉判断。

• • •

美发师们通过提问、倾听、建立联结来救人性命。他们是怎么做到的呢？我的美发师轻描淡写地说："我们只是跟着直觉走。"

"调用直觉"的概念听着简单，但其含义难描述。有些人，尤其是决策科学家，他们说直觉是完全不合理的，数百年的科学发展告诉我们，凭直觉做决定是感情用事，不符合逻辑，这么做有失偏颇。我曾写过一篇文章论述直觉在商业活动中的作用，那是我关于这个主题写的第一篇文章。当时我投稿给一家学术机构，也收到了类似的反馈。他们是这么说的：

> 我认为整篇文章有很大问题。"直觉"是口头的话，学术文章中尽量不要用。你写这篇文章纯粹是浪费时间，读这篇文章也浪费了我的时间。我们认可在专业领域能带来理论性影响的研究，但我认为这篇文章没有理论价值。

不得不承认，这些专家的反馈我当真了。幸亏几天之后我有幸受到了马里兰大学几位优秀学者的邀请，去做关于这篇文章的分享，不然我可能当时就彻底放弃对直觉的研究了。你可以想象，做这次分享时我有多么忐忑，但分享后收到的反馈完全出乎我的意料，分享一结束大家就纷纷点赞，说我的研究“十分前沿”，想法很大胆，他们鼓励我千万不要放弃这个研究方向。①

我对直觉的研究重塑了人们看待直觉的方式。马尔科姆·格拉德威尔（Malcolm Gladwell）在其 2005 年出版的作品《眨眼之间》（*Blink*）一书中将直觉看作一种不假思索的感觉，是“潜意识层之下的存在”。[2] 我的研究主张与之不同，我发现直觉并非“潜意识”或“非理性”的，它是情感和认知层面的存在，是带有思考依据的感觉判断，“跟着直觉走”并不等同于一定会招致不确定性或导致错误的决策。

请允许我解释得再明确些，直觉会发生在边界状态或极端情况之下，我们如果只是做一些寻常的决定，比如买哪款洗衣机和烘干机，或者确定哪名求职者最适合某个工作岗位，那么不需要直觉参与决策。实际上这些情况下如果凭直觉做事，反而可能做出不恰当的决定。但如果碰到非比寻常、极其特殊的情况，直觉的价值就无法估量了。[3]

举例来说，我发现善于调用直觉的天使投资人更有可能实现

---

① 谢谢布伦特、戴维和拉杰什里，我心存感激。

"全垒打"，也就是拿下那些能给他们带来三四十倍甚至更高回报率的公司。[4] 如果只是盘点一番、想着"我这次投资是亏是赚"，这种情况下直觉派不上用场。好比一个人早上往股市投了 200 美元，晚上账面涨到了 220 美元，这种想法之下直觉是派不上用场的。有的人投了 200 美元，一方面敢于冒风险，做好了全亏的打算，另一方面也期待着 200 美元涨到 20 000 美元，直觉对这些人是很有用的。①

我换用棒球术语来打个比方，运用直觉不能帮你提高打击率。可能你的打击率只有 0.125，但你可以通过全垒打快速取得成功。[5]

直觉只是结合了你个人的经历和能力，将事物之间的联系呈现出来。起初是用一种非线性、非增量的思维，后来这种联系就以出乎意料、令人欢喜的方式呈现出来了。

物理学家阿尔伯特·巴特利特（Albert Bartlett）曾说："人类最大的缺点是无法把指数函数思考通透。"我们常常采用线性思维，很少能想到指数函数这种更好的思维方式。管理学者罗伯特·科斯蒂根（Robert Costigan）和凯尔·布瑞克（Kyle Brink）对线性思维的描述是这样的，说它以规则为基础，浅显、讲究逻辑且易于复制。[6] 如果说线性思维是一次只做一件事，走的是一条直线，那么指数型思维就是一幅跳跃、曲折的图像，将信息可视化。用线性思维做事的人往往低估了现实中的各种可能性。如果你能抱着丰富自身经历和积累其他益处的想法，尝试以指数型思维思考问题，那么你就掌握

① 并不是说在这些情况下不存在其他偏颇条件，这恰恰是棘手的地方，因为一个人的直觉有可能使得他人处于"系统性不利地位"。我们必须小心这一点。

了使自己富有价值的最强武器。

站在更高的层面思考

创新做法的背后体现的是指数型思维，例如前文提到的伊利诺伊州对美发师的培训。许多普通但具有革命意义的产品的诞生也是如此，尿不湿的发明就是其中一例。我不需要太多介绍尿不湿，它算一种能吸收并兜住脏东西（行话叫“污物”）的“内裤”。尿布通常由布料和合成的一次性材料制成（这些布料包括多层纤维，如棉、麻、竹、超细纤维，甚至是 PLA 或 PU 这种可以清洗或重复利用的塑料纤维）。

尿布的历史可以追溯到 16 世纪 90 年代的英国，但是尿不湿发展到现在的模样并为人们提供方便是 20 世纪 40 年代才发生的事情。1946 年，一位名叫玛丽昂·多诺万（Marion Donovan）的女性把自己浴室里的塑料浴帘取下来一部分，垫在尿布外面做了一个塑料套。[7] 这种塑料封装是我们今天所知的尿不湿的原型。

后来的故事有一个关键人物叫维克·米尔斯（Vic Mills），他曾是宝洁公司的化学工程师。事实上，他不仅为宝洁研发尿不湿（也就是后来的尿不湿品牌帮宝适），还承担品客薯片、象牙香皂、邓肯·海因斯蛋糕粉和其他一系列产品的开发工作。他发现，在包裹尿不湿的塑料层里塞满木片可加强尿不湿的吸收能力，不仅能包裹住污物，还能吸收部分污物。这些木片以特殊方式切薄，可增强尿不湿吸附性，同时尽量轻薄。实际上，这种木片的切片方式跟现在品客薯片的切片方法一模一样。

到了 20 世纪 80 年代，强生公司的织物研究负责人卡莱尔·哈蒙（Carlyle Harmon）和陶氏公司的比利·吉恩·哈珀（Billy Gene Harper）发现，可以用高吸水树脂填充尿不湿的塑料封装，这跟今天用来清理石油泄漏用的是同一种材料。

联结，关联，品客薯片，石油泄漏……接下来的几十年，纸尿裤行业飞速发展，这一切都基于米尔斯、哈珀和哈蒙在各自研究过程中搭建的事物关联以及由此带来的进步和创新。他们三位，还包括多诺万，所做的事情就是"拼装"，他们把个人经验与眼前的具体状况相结合，进行了全新的尝试，也取得了令人振奋的结果。在艺术、音乐和文学领域，"拼装"指的是利用一切可以利用的资源进行创新或架构搭建。例如，一支摇滚乐队用他们的方式重新诠释古典音乐。在商界，企业会利用手边已有的资源，突破传统将这些资源重新整合，从而推出新产品或实现创新。爱彼迎（Airbnb）就是其中一例，这家公司推出的服务是多个概念"拼装"后的成果——住宿服务、有住宿需求的消费者、智能手机、定位技术和支付平台基础设施。

说到我个人最喜欢的"拼装"故事，应该是小时候看的电视连续剧《百战天龙》(*MacGyver*)。[①] 主角麦吉弗（MacGyver）是个很有

① 这部经典的动作冒险电视剧我看得津津有味，听说正在拍续集。这次再续经典，剧中的麦吉弗表面在智囊团上班，实际是服务于一个秘密的政府组织。

魅力的家伙，在剧中的任务就是解决世界各地的麻烦。我记得有一集，一个科学实验室失窃，装有致命病毒的瓶子被盗，麦吉弗接到任务要把它找回来；另一集里，麦吉弗和他的伙计们受托去摧毁一枚很大的假戒指；还有一次，有个坏人企图炸毁世界，麦吉弗要去制止他。总之都是些改变世界的任务，所以整个一小时的剧集里，麦吉弗要运用他的聪明才智和多种技能分析和解决问题，比如“噢，这儿有个回形针……看，一根火柴，还有一团口香糖……”他要把随处看到的信息用聪明的方式整合起来，思考怎么解决麻烦，然后在剧集的最后 30 秒按下一个按钮，炸弹引线上的火星熄灭，他成功拯救了世界。

这就是“拼装”，也就是说，你需要把手边现成的东西拿过来进行整合，要创新，也要临场想出办法解决问题。[8] 具有“拼装”思维的企业可以挣脱资源的束缚，也就是之前我们说的条件限制，并且冲破体制壁垒和局限，在看似一无所有的境况中创造价值。[9]

成功建立上述连接并充分利用我们的“个人经历 +”，这个加号里的能力有时需要我们接受正式的培训，例如伊利诺伊州的美发师们接受的抵抗家暴的培训。虽然成功的“拼装”不一定来自我们经历的困境、痛苦和挣扎，但我们每个人都有潜力在阻碍和困境中探索和拓展加号里的内容。做到这一点尤其利于我们让自己变得富有价值。在这一章剩余的部分，我会向大家解释如何培养自己发现这些机会。

你的痛点，别人可能也有

1989 年，自行车狂热爱好者迈克尔·艾迪逊（Michael Eidson）参加了一项名为“Hotter’N Hell 100”的自行车比赛，比赛在得克萨斯州威奇托瀑布城举办。比赛途中，自行车的水壶架设计和它的位置让艾迪逊很恼火（因为他需要笨拙地俯下身来抓住瓶子，边打开瓶子边喝水，盖上瓶子，之后再用同样笨拙的方式把水壶放回原处），于是他临时起意，决定迅速解决这个问题。艾迪逊是一名内科急救专家，他突发奇想，从救护车上找来了一个无菌静脉输液袋和一根输液管，往输液袋里灌满水，把袋子塞进长筒袜，然后把袜子固定在骑行服后背的袋子里，再将输液管从后背拉到肩膀的位置用衣夹固定住。这就是后来驼峰牌饮水背包的雏形。艾迪逊的做法显示了他出色的“拼装”思维。

没过几个月，艾迪逊的饮水包大受欢迎。他重新设计，改进之后的容器占用空间小、紧凑轻巧、使用情况稳定、可以最大化地减小风阻。他开始向骑行者售卖这款饮水包，这是大家第一次可以把喝的水背在身上，运动员在骑行过程中喝水更方便也更高效。他们再也不用停下来喝水，或者减速、笨拙地取水壶喝水。新设计的饮水包可以放在骑行包里，有根长长的引水管伸出来，只需要把管子扯到嘴边就可以方便地喝到水（后来我发现大家称这个储水装置为膀胱，真是太逗了）。

现在市面上有许多类型的户外饮水背包，针对不同运动的具体需求而设计，包括远距离徒步、骑行、滑雪运动等。不同的背包各有特点，例如包的大小（小背包适合短距离徒步，还有适合过夜的超轻大背包）、包的容量（取决于你想装多少水，以及装备占多大空间）、是否合身（确保背包适合你的体型、身高、臀部大小等），甚至在其他功能特性（例如咬合阀开关和快速连接管）方面，不同的背包也不尽相同。

艾迪逊的初衷是解决自己一个人的痛点。痛点即问题，这是很简单的道理。如果你遇到了一个问题，许多人可能也面临同样的问题。艾迪逊结合自己的内科急救工作专业背景和骑行经历，发明了一款新产品，很快就在骑行圈子[①]里流行起来，还惠及了其他项目的运动员和户外运动爱好者。在第一次和第二次海湾战争以及阿富汗战争中，艾迪逊的这款产品还被带上了战场，用作士兵们在战斗中的“个人补水系统”。目前，驼峰公司40%以上的业务来自美国政府和其他国家政府。

追求卓越并收到指数级的成效，这件事并没你想象的困难，都是基于你的已知可以实现的。对艾迪逊而言，他的已知是个人的骑

① 进行模式匹配、对已知加以创新的另一个绝佳案例也是受骑行的启发。你是否好奇PowerBar能量棒为什么那么耐嚼、黏性强，而且吃起来几乎是橡胶质感？为什么它的质感与市场上的其他能量棒如此不同？据说，PowerBar能量棒的几位发明者以前在骑行的时候会带上格兰诺拉燕麦棒，但他们觉得吃起来很麻烦。你首先要撕开包装纸、咬一口，如果剩下的燕麦棒想留着一会儿再吃，没吃的部分就不好处理。所以他们回到家后在厨房研究出了PowerBar能量棒的第一代配方，他们把能量棒做得比较厚，而且很黏，饿的时候就可以从车把上扯下来咬一口，吃完再粘回车把附近的位置，继续骑行。听起来有点儿恶心，却是很有创意的想法。

行经验，而且他非常清楚救护车上有哪些装备。而许多人的问题在于，他们常常为进行指数型思考人为地制造困难。例如在减重的问题上，人们想的是减 5 斤、10 斤，然后减更多斤让自己体重下降，却不去调整自己对健康这一概念本身的认识。在经营企业时，我们运用各项策略想要实现大幅增长，比如推出在上一代产品基础上大幅改进的新一代产品、提供更可观的价格、实行更优化的工作流程、聘请经验更丰富的人才，但这些都不是指数型思维。还好，确有方法能让我们可以练习并训练自己变得卓越，养成指数型思维，从而真正地使自己富有价值。

•••

非增量思维、指数型思维通常体现在我们“推翻公式”之时。反转、倒推、全盘否定，这些方式能帮助我们发现并消除阻碍，从而走向成功。这是我们训练自己、实现价值的一个工具，要求我们突破常规出发点，从相反的方向着手处理问题。

回到我对直觉的研究，以前文提到的我的文章发表被拒为例，我相信大多数人（包括我自己在内）想问题是单向思维，就像沿着一条直线往前走。我当时的问题在于（虽然我不愿意承认），尽管我对于直觉有何价值这部分的论述十分自信，但老实讲我当时并不知道如何写好一篇学术文章。

我发现学术文章的写法和我学过的任何一种写作方法都不相同。

我抱着自我怀疑和满腹疑惑，心情复杂地找到一位该研究领域内颇有声望的学者，我坦诚地告诉他："我担心自己会抱着侥幸心理，我发的文章肯定都会被拒吧。"他对我说："我发表的文章被拒了 18 次。"我后来了解到他从没把文章被拒的事告诉过任何人，不知道为什么他那天却对我开了口。总之，请教完这位学者的那晚我转变了想法，重新思考了自己面临的困境。我决定不再执着于获得"文章通过"的回复，而是去寻求"文章被拒"的反馈。确切地说，我的目标是被拒 18 次。

我想，如果大名鼎鼎且高产如这位学者，他都曾经被拒 18 次，那我的文章凭什么能很轻松地通过呢？意识到这一点不容易，需要时间才能想清楚，而很多人半途而废是因为他们被失败吓破了胆。有时，正是经历了失败（甚至让步于它），你才能找到真正属于自己的路。我决定给自己机会去学习和进步。在文章通过之前，我做好了被拒 18 次的准备。

我最后被拒了 14 次，收到了 4 次"修改重交"的反馈（这是我这个研究领域里最接近"文章通过"的反馈，得到这个反馈之后可以修改、重新提交文章，直到最后的结果出炉，不是通过就是确定被拒）。整个过程心力交瘁，但我一直坚持投稿，一直到我凑齐了 18 个"文章被拒"的反馈（"文章通过"的次数我没有算进来，不管它）。再下一次投稿时，看到不是"文章被拒"，我真的喜出望外，但更让我惊喜的是整个投稿过程中我发现的规律。在总共 14 次"文章被拒"和 5 次"文章通过"的经历里，我琢磨出了其中的原因和规律。有些原因在于文章本身，比如有的文章被拒多次，我后来已经形成直觉，能够迅速判断哪些课题应该尽早枪毙，而哪些应该趁热打铁继续推进。[①]还有的原因在于关于共同作者，通过观察文章反馈，我可以判断和哪些共同作者一起发表文章肯定会被拒，而且他的技能无法和我互补，而和哪些共同作者一起会合拍并且能够取长补短。[②]

翻转局势、逆向思考，这两个习惯帮助我形成了自己的策略——这也是我沿用至今的策略，我一次只专注于一篇文章（有的学者手上可能同时写着六七篇文章，他们想通过这种方式使自己的文章通过率不低于 10%），我努力在每篇文章的发表上都成功扭转局面。如果某篇文章没按我预想的方向走，或者我得出的结论站不住脚，我会立马“枪毙”那篇文章。

扭转思维需要你认识到一点：虽然从起点着手来思考问题有时不失为一个好选择，但先从终点开始考虑收效更佳。换个语境，你要先思考如何管理好一个项目并实现项目预期，之后再带着这样的思考去争取项目，这样你才能掌握话语权，主导沟通内容和

---

① 例如，文章反馈意见建议我基于其他人的文章继续研究，不要写太过“挑衅”的主题。我琢磨出来的模式却是相反的，那就是挑衅挑战会激发兴趣，而兴趣会带来成功，所以这类课题要继续推进。

② 同样，这些模式或道理是我如果不做这个“18 次被拒尝试”无法意识到的。关键内容如下：我有两类共同作者，一类是公认的高产学者，他们是精通如何发表文章的专家，另一类是和我一样还在摸索如何写好文章、发表文章的同事。和前者共事时，我的表现比与后者合作时糟糕得多。

走向。

对企业而言，它们需要更多地从解决方案着手追溯问题，尽量少看着问题寻找解决方案。

逆向思考

为了向学生说明“从解决方案着手追溯问题”和“看着问题找解决方案”两者的区别，我邀请他们做了一个思维实验。我首先解释了什么是 3D 打印机：它是一台几乎能制作出世上任何东西的机器。[①] 然后我给学生提了几点要求：你可以使用 3D 打印机打印任何与微波炉大小相当或尺寸更小的东西；材料成本是 1 美元，具体打印什么东西没有要求；成品要能拿出去销售。

我请学生进行头脑风暴，列出他们能想到拿来售卖的产品。现在请你也试一试，花几分钟列一个清单。

过一会儿，我们在课堂上一起讨论他们的点子。不过在那之前，我拿出了一个密封好的信封，当着大家的面放在了教室里，我说信封里是我课前猜测他们会想到的东西。之后，我把他们想到的内容一一写在黑板上，一起来看看：

① 3D 打印的正式定义：3D 打印是将平整的多孔结构材料与可黏合材料逐层打印、层层叠加来构造物体的过程。逐层打印的步骤需要不断重复，直到移除多余的材料，最终产品成型。

- 汽车零件
- 珠宝首饰
- 太阳镜
- 玩具
- 乐器
- 医疗和牙科用具
- 备份零件
- 建筑模型和建筑布局
- 会议赠品或纪念品

拆开信封公布我的预测时，学生们都很惊讶，他们列的东西我竟然猜中了八九成。

为什么我能猜得八九不离十？学生们猜测，原因之一是这堂课我上过很多次了。不过更重要的是我清楚一个道理——人们大都着眼于那些最显眼的机会。换句话说，他们看得到的机会是由问题驱动的，他们是看着问题寻找解决方案。

于是，我告诉他们不要把 3D 打印看作待解决的问题，而是反过来想：从解决方案着手追溯问题。毕竟，3D 打印机能制作出东西解决许多问题。扭转思维，学生才能理解：为什么从现成的解决方案入手能够帮助他们更充分地理解待解决的问题。那么，如果我们转换思维，不要一开始就盯着老大难的问题，而是带着有新意且独特的解决方案重新认识存在的问题，会怎样呢？ 3D 打印是制造业领域的一种即时、便携式解决方案。当学生们从解决方案的独特价值着手时，我听到了如下想法，它们可以解决更多有趣的问题。

比如制作有助于防止葡萄园霜冻的线框。霜冻几乎是所有酿酒师的噩梦，因为低温和霜洼会严重破坏葡萄藤和脆弱的新芽。大多数解决方案显得费力不讨好，例如用风扇把暖风吹进葡萄园，用蜡烛散发的热量促进空气流动，还有使用风力机、洒水装置、犁头甚至是直升机的。另一种解决思路是打印线框来覆盖整个葡萄园的地面，形成一个可使温度均匀分布的完整体系。

又比如制作 DigiPuppets 手指玩偶。现在的孩子们一用起触屏产品就不肯离手，家长和老师如何才能让这些触屏产品变成对孩子有益的工具呢？我的学生们想出了一个办法——给孩子们制作触屏手指玩偶。他们成立了一家公司，推出了两款手指玩偶（一个叫兔蛮蛮，一个是小斑马）以及四个教育类应用程序，他们把两个手指玩偶设计进了游戏，向孩子们传授重要的人生技能和道理。

以不同的视角、非增量的方式看待问题，可以激发意想不到的事物关联以及突破传统的好点子。培养指数型思维和非增量思维，的确可以通过找到事物之间的关联来实现，但发现事物在哪些方面不存在关联同样重要。

简单决策力：看清故事和数字

无论哪个行业、哪家公司、哪个人，也无论我们遇到什么情况，都存在“故事”和“数字”的概念。(即便在与人交往的过程中，也有相关的数字和指标，我们一会儿将在故事里加以体会。) 问题在于，它们并不总是最初我们以为的样子。

我们先在企业的语境中理解“故事”和“数字”这两个概念，以廉价航空产业为例，世界上有不少廉价航空公司，瑞安航空、精神航空和西南航空就是其中三家。

坐过瑞安航空的人可能看到这儿已经和我一样叫苦不迭了。我在这家航空公司的飞行体验可以用“痛苦”二字形容，座位又挤又窄还很硬，毫不夸张地说，一坐下去膝盖就直接抵在了前面座椅的靠背上，我的身高也就一米六八。有一次我坐瑞安航空从伦敦飞往都柏林，忘记提前打印登机牌，结果被额外收取了 20 英镑。登机过程跟放牛一样混乱。

如果瑞安航空哪天通知旅客说机上洗手间要付费才能使用，我想你一点儿也不会吃惊。实际上，他们几年前已经这么尝试过了，要求使用机上洗手间的旅客额外付费，因为他们说这项服务“是种享受，而非刚需”。[10]

前不久我还听说瑞安航空在考虑专门设置一个“站立机舱”，这样就能把更多旅客塞进飞机。[11] 他们考虑采用类似自行车车座的设计，能让乘客保持直立的状态。乘客坐定后，会降下一根横杆 (类似于游乐园里过山车的座位横杆)，避免在飞行中发生磕碰。

与之形成鲜明对比的是西南航空，虽然两者都是廉价航空，但西南航空给我的印象和感觉截然不同。他们的空乘有求必应，全程笑盈盈的，整趟旅程的氛围都不错。西南航空的机上通知幽默诙谐，也提供飞机餐，努力为所有人提供一趟愉快的旅程。登机过程很快，托运行李也是免费的。

虽然西南航空和瑞安航空都是廉价航空，但各自讲的“故事”完全不同。瑞安航空的故事是这样的调调：噢我的天，如果你哪天想从一个地方移动到另一个地方，而且想少花钱的话，你会想起我们的，因为我们瑞安航空很廉价。这家航空公司想让你清清楚楚地记得：瑞安航空是家廉价航空公司。他们不会浪费钱在提供舒适的座椅这种锦上添花的事情上；站立机舱内拥挤不堪、你得掏钱才能上洗手间，这些都是瑞安航空在提醒你——“我们是廉价航空”。所以许多文章提到瑞安航空，写的都是它简单粗暴的飞行体验。[12] 如果你想花最少的钱坐飞机，你会高高兴兴地选择瑞安航空，然后拍拍自己肩膀提醒自己要记得提前打印登机牌。

西南航空也会让乘客意识到他们是家低成本航空公司（不过必须承认，它的价格不如以前实惠了），他们也不在锦上添花的事情上花钱，但他们把免费提供的所有服务做到出色：让你心情愉悦、允许乘客托运行李、如果有空位他们会同意你改航班。为什么不呢？毕竟这些服务不会增加他们的成本，因此也就不需要你多掏钱。西南航空也时刻提醒乘客他们提供的是低成本航空服务，但他们会在不额外增加成本的地方用心服务，让你感到舒心。

西南航空的数字（价格）呢？和瑞安航空几乎一样。所以算数字，两家不相上下。但讲故事，二者大相径庭。

不同的故事之间存在许多区别。你可以通过判断故事和数字彼此的关系，训练自己拥有一双寻找价值的眼睛。找出漏洞和辨别假象都需要你找到故事和数字之间的契合之处。这是一个很好的策略，能帮你判别事物在哪些地方不存在关联，以及哪里可能存在不合理之处。比如那把光剑模样的雨伞，人们是否想要这样一把伞，以及愿不愿意为之买单，这同时关乎故事以及数字。就 Juicero 公司的榨汁机而言，如果你看它讲的故事，也就是考虑这款产品到底有什么用途，那么这个场景下计算数字（也就是人们愿意为它买单吗）是会令人担忧的。Juicero 公司锁定的目标客户群定位准确吗？是否真的考虑到了美国家庭的需求？是每家每户的需求吗？说实在的，他们的故事讲不通，定价不合理，两者的关联也不成立。

“故事”和“数字”这两个概念让我们有方法得以检验我们的直觉，判断什么可能行得通，事实上这样更有助于发现事物的矛盾之处。换句话说，这两个概念帮助我们完善直觉，发现事物不合理和不对劲的地方。我们可以借此预测和发现缺陷，就像早期就开始质疑 Theranos 公司的医学专家，以及彭博新闻社那两位记者报道 Juicero 产品弊端时所做的那样。这个方法让我们能够更聪明地思考问题，找到完善想法、实现创新的转机，从而使自己富有价值。

• • •

Zipcar 是一家运营颇为成功的共享汽车公司，两位创始人安婕·丹尼尔森（Antje Danielson）和罗宾·蔡斯（Robin Chase）讲的故事是这样的：住在大城市的人们不一定要拥有私家车，他们不需要每天用车，但大家确实有需要用车的时候，比如去宜家买家具，去超市来次大采购，或者去机场接朋友。于是，Zipcar 提供给你解决方案，在你需要用车的时候有车可用。

这个故事很吸引人，听起来就很靠谱。的确，丹尼尔森和蔡斯在 2000 年 1 月第一次向投资人展示他们这个想法时，投资人也这么认为。不过，最终成就他们的不是这个好故事，而是故事和数字二者的成功匹配（但他们也曾经历过二者不匹配的时候）。

我们来看看这家公司早期的商业计划。他们给出的数字引人注目，尤其是其中一项数据吸引了精明人的注意——车辆使用率。他们最初提出的车辆使用率是 85% 左右，这个比例看起来是讲得通的，毕竟 Zipcar 参照的是租车公司，当时大多数租车公司的车辆使用率基本在这个水平上下浮动。但再仔细一想，85% 的使用率就讲不通了，因为它跟 Zipcar 讲的故事不匹配。

85% 的车辆使用率是什么概念？我们以一天为单位和大家解释：一天 24 小时，这段时间实实在在都发生了什么呢？我是指每个小时，包括凌晨 2～6 点这段时间，都发生了什么事呢？

你认为在这个时段有多少人需要用 Zipcar 的共享汽车？有多少人会考虑在这个时段找辆车去装采购的东西或者去宜家买家具？会有人要在这段时间用车吗？ 85% 的车辆使用率意味着，人们在凌晨 2～6 点也有旺盛的用车需求，而且这个时段之外的时间，Zipcar 的车辆要处于满负荷状态——车辆使用率达到 100%。

这说不通啊。当然，如果是租车公司这是讲得通的，因为你付了钱把车长期租下来了，所以即便不用车也是付了租金的。但 Zipcar 针对的是大城市偶尔有用车需求的人，那么这个数字跟 Zipcar 的故事就对不上号了——他们的故事撑不起那么大的数字。于是，早期投资人流失，公司差点儿没开起来。

Zipcar 的两位创始人意识到了他们的故事和数字不匹配，两者怎么看都不吻合。他们明白要想让公司成功运转起来，要么换个故事，让故事与数字匹配；要么改数字，包括公司的增长预期、目标和财务计划等，从而让数字与故事匹配。后来，他们调整了共享汽车的数量、车辆预订系统、财务计划和其他数字目标，最终形成了一个比较成熟的模式。现在，美国几乎每个主要城市都能见到 Zipcar 共享汽车的身影，他们还将业务扩展到了加拿大、法国、西班牙、英国等地。

• • •

培养出直觉来发现不一致的因素，这并不容易。研究人员提出一个概念叫作认知失调，它指的是两样东西存在冲突和矛盾的地方，比如不同的信仰、想法、价值观。人们对这种认知失调会感到非常别扭和不舒服，事实上，人们会因此产生心理压力，于是为了减轻这种心理上的不适感，他们会主动避免甚至改变一些信息以使冲突和矛盾消失，让两样东西一致。[13]心理学家莱昂·费斯廷格（Leon Festinger）发现，人类好像被统一设置了一样，如果某个故事以及与之相关的数字之间出现不匹配的状况，人类会选择忽略。他们会调整自己的认知去忽略看似不合理的事，同时夸大这件事积极的一面，以此减轻认知失调引发的不适感。

因此，如果能有意识地寻找不一致的地方，我们就是在创造机会让自己富有价值。我们要学会发现看似不存在的事物、相信已经存在的事物。要想抓住转机、形成优势，其基础就是明白你带来的价值并相信自己的观点。之后，你就可以向他人展示你能够如何提供价值。这便是我们接下来要讨论的内容。

破局思维五

善用思维工具，
它们是强大洞察力的来源。

第二部分

予人欢喜

6
情商工具箱

每个人都拥有天赋，但如果以鱼会不会爬树来判断它的才干，那它终其一生都会认为自己愚蠢不堪。

阿尔伯特·爱因斯坦

我女儿三四岁的时候特别喜欢各种跟公主有关的东西，与其他同龄女孩一模一样，我完全搞不懂原因。那几年我没对她痴迷公主的事发表过意见，但我尽量不把这理解为是典型的小女生爱好。

可你瞧！每晚，当我丈夫准备好讲睡前故事，征求她的意见时问“今天我们讲什么故事呀”，她就会指着书架问她爸“可以听公主的故事吗”。

我丈夫会这么回答：“我们今天听《好奇的乔治》怎么样？听

完之后如果你还想听爸爸讲故事，我们讲一个特别的公主故事好不好？爸爸自己编的哦。”

于是，我丈夫每晚都会发挥他的聪明才智，编一个跟公主有关的故事，但他的故事和你以前听过的都不一样，既不是英俊的王子救了公主，也不是金发公主住在美丽的城堡。他的故事主人公有工程师阿什莉公主，在和家人开车一起去看望外婆的路上，车子的发动机出了故障，于是阿什莉公主挺身而出把它修好了；创意天才克莉茜公主，她用一个极具创意的点子帮弟弟办了一场完美的生日会；化学家艾米公主，她运用酸碱知识解决了一个重要的化学难题；古生物学家瑞秋公主，她不仅弄清楚了古生物学和考古学的区别①，还在恐龙研究方面有重大发现。

这些故事里的公主们，身份都不单单只是一个公主，她们每个人都从事一份职业，都体现了一些能在生活中获得成功的重要品质，比如在压力之下依旧保持优雅、学会自立、不失耐心。

我女儿特别喜欢她爸爸给她讲的这些故事，这比一个单纯的王子解救公主的故事有趣多了。而且，如果故事只是讲一个有耐心的古生物学家，或者只是一个能独立解决问题、有担当又可靠的化学家的故事，我女儿一定不会听得这么津津有味。

我丈夫是一名工程师、科学家，他讲的故事既尊重了女儿的兴

① 如果你好奇的话，我们来看看这两门学科的区别：古生物学研究的对象是化石，而考古学研究的对象是人类文物和人类遗骸；古生物学偏向于研究诸如动植物化石等古地质环境中的生物，而考古学侧重于研究人类遗骸和古代文化。

趣，也将自己的专业所长在故事里潜移默化地传授给孩子，用一种别出心裁的方式给孩子带来了欢喜（反过来也让他自己富有价值）。如何予人欣喜以及这么做将如何让你富有价值，这对父女俩的故事就是一个很好的例子。我女儿确实对她爸爸讲的公主故事痴迷不已，她甚至开始在学校里用自己的话把故事讲给小朋友们听，和大家分享快乐。女儿再长大一些会写字之后，她把这些故事写了下来，还在旁边配上了一些简笔画。

我们全家人一起合作，把这些故事写成了一本书，形成了一个童书系列——《英雄公主》，想要鼓励小女孩们去做个“斜杠公主”。很多小女孩都喜欢公主，这完全没问题，但大多数故事里的公主都是老套的形象，也没有向孩子展现出多少能帮助他们在现实生活中获得成功的宝贵品质。我家的《英雄公主》系列故事肯定了许多小女孩想成为公主的愿望，同时在故事里突出了必要技能，鼓励她们向主人公学习，有利于她们日后在成人的世界里学会赢得转机、占据优势。孩子的爸爸了解并结合女儿的兴趣点，在故事里融入了坚强、自立等精神品质，对女儿产生的影响出乎意料。我丈夫深知如何让自己富有价值，但这次他展现价值的方式对别人产生了意想不到的效果。

满足情感性需求

在本书的第一部分，我们讨论了如何让自己富有价值。大家往往忽视一点：有时我们并没有机会展示自己的价值。有时是因为我们被拒之门外，连机会的模样都见不到；有时是因为我们没在某个社交圈子里，因为不是圈内人而失去机会。

要得到这些机会，你得有予人欢喜的能力。如果你确切地了解自己，并且懂得以何种方式使自己富有价值，你就能够自信十足地面对那些“守门人”，使之欢喜。

大家还记得本书序中我的那个故事吗？正是予人欢喜的能力让我争取到了埃隆·马斯克给的机会。我本来注定会错失机会，完全没有办法向埃隆展示我能给他提供的价值，但我那一声笑触动了他，让他愿意给我机会，向我敞开大门。

我丈夫在女儿三四岁时已经完全了解她的公主情结，但他没有意识到的是，他在和女儿的互动中已经在运用和训练自己做到予人欢喜的多条原则。

予人欢喜的能力有一个关键要素是人们常常忽视的，那就是惊喜。予人欢喜往往和出乎意料相伴出现。在许多层面上，欢喜跟幽默感类似。

为了研究欢喜和幽默的相似之处，我最近找到了哈桑·明哈杰（Hasan Minhaj），请教他“怎么才能变得有趣”。[1] 明哈杰是美国单口相声演员，也是作家、政治评论员、演员和电视主持人。

明哈杰的回答让我大吃一惊，他说相声一定要有一个落脚点。我之前以为幽默这东西有没有观点无所谓，或许应该不用有观点。他不以为然，接着解释说，人们对于自己关心的事情，态度应该真诚。当你发自内心地调用幽默感时，它能为你打开一扇门去改变人们的想法。

逻辑和证据确实颇有说服力，但它们无法带你去更远的地方，而一个恰到好处的玩笑足以帮你打开机会的大门。心理学家布拉德·伯特利（Brad Bitterly）、艾莉森·伍德·布鲁克斯（Alison Wood Brooks）和莫里斯·施魏策尔（Maurice Schweitzer）表示，幽默感是个强大的工具，你可以借此左右别人对你的印象。[2] 在谈判和面试中，如果你会开玩笑，对方更有可能认可你的能力，并且赋予你一个更高的定位。当然，开的玩笑要真诚可信，捏造出来的或者低级的玩笑毫无作用。

幽默能吸引人们的目光并让他们格外留心。明哈杰说："我从来没有告诉过别人我是穆斯林，然后有人会说'酷啊'。"他接着解释他是怎么用幽默的方式描述自己的穆斯林身份，这种方式让他微妙地改变了人们的看法：

美国只接受了 11 名叙利亚难民入境。金州勇士队派去参加季后赛的人都比我们接受的叙利亚难民多。

也总有人会因为他的肤色而对他抱有偏见。这时，他会以美国公民的身份用如下方式来评论"种族主义"和"平等"这两个概念：

我父亲对种族主义的看法跟我完全不一样。在他看来，他是移民，所以他把种族主义当作他要交的“税”，姑且称之为“移民税”。他认为你是移民，所以你就要忍受种族主义，你就要忍受歧视，这是你要交的税。

但我不一样，我生在美国、长在美国，我要求平等、要求摒弃种族歧视，只是在要求你给我收据上本来就有的东西。如果你不给我，那我就要申请退差价，就跟我在百思买上买东西买贵了的时候会做的事情没什么不同。

这么说完之后，他就会展开对话，以他的论述引导人们更多地了解伊斯兰教在叙利亚的情况，或者分享他对移民政策的看法。

明哈杰的喜剧理论背后确有幽默相关的学术理论支持。良性冲突理论认为，只有满足以下三个条件才算得上幽默：（1）存在冲突，原因是出现了干扰，或某些偏离、违背了预期的状况；（2）状况是良性的；（3）有冲突，同时冲突是良性的。[3]这就解释了为什么有时候别人讲的话并不好笑，比如某个笑话站不住脚，而且之前已经有人说过同样的话，再说就变得像陈词滥调（太过“中规中矩”以至于缺少冲突，听起来平淡无奇），又或是某个笑话听起来过于激进甚至冒犯他人（它不是良性的）。

予人欢喜的原理与之类似，当我们使人欢喜的时候，状况与人们的预期存在冲突，但这种冲突是良性的。予人欢喜能够动摇甚至改变人们对你的已有认知，帮你抓住“守门人”的注意力，创造机会让你能够展示自己的价值。[4]

予人欢喜不是要你变得迷人、有趣或者老练，但这些特点都在某种程度上向你阐释了“予人欢喜”的内涵。

首先，要找机会出其不意。你要训练自己去发现日常生活中的独特之处，我在第一部分提示过大家怎么做。

不要准备过头。你可能会陷入偏见、遭受失败或者处于劣势（不管它们是真实存在还是源于想象），大胆地应对这些状况。同时脑子里要记住能让自己予人欢喜的一些原型和案例，它们会自然而然地把你送到合适的位置创造价值。

要记住，予人欢喜大多是就地取材且基于你在当下和他人的真诚交流。你要利用现有的状况训练自己的应变能力，更好地表达观点。

去结识你认为能给你带来欢喜的人，使用那些能让你变得欢喜的产品，融入那些能让你感到欢喜的情境。尝试那些能给你带来欢喜的事物，并有意识地找出来到底是什么原因使之能让你有这种感受。通过上述努力得到的收获，你要用它来加深自己对予人欢喜这一概念的感知，从而培养自己予人欢喜的能力。在它的帮助之下，你要意识到什么叫出其不意，也要辨别哪些是不真诚的状况。

我们每个人都有能力让自己富有价值，但如果我们能在自身富有价值的同时学会予人欢喜，那么无疑将见证魔法时刻。因为正是予人欢喜的能力助你最终打动他人，从而得到机会证明自己的价值。

转换痛点，重塑结果

2017 年 4 月，电影《摘金奇缘》(*Crazy Rich Asians*) 在新加坡和马来西亚两地开拍，由朱浩伟执导。[5] 这对导演个人是一个意义重大的项目，朱浩伟的父母都来自中国，一个家在大陆，另一个家在台湾，朱浩伟从小在美国加利福尼亚的帕洛阿尔托长大。影片传递的信息有关于文化同化，以及在陷入两种不同文化的冲突时坚持自己的心声，这些信息在片中可谓贯穿始终。影片的故事（改编自关凯文的同名小说《疯狂的亚洲富豪》）以及它传递的信息也反映了朱浩伟从小的许多经历。

《摘金奇缘》选用全亚裔主创，第一部类似阵容的电影是早于它 25 年的《喜福会》(*The Joy Luck Club*)。但请来全亚裔主创并非朱浩伟的终极目标，他决心要在影片的方方面面突出亚洲文化和美国亚裔文化这两种文化的“交叉授粉”：剧本创作他请的是马来西亚裔美国女编剧阿黛尔·林（Adele Lim）；影片的美食团队由来自新加坡的主厨兼美食顾问约翰·塞（John See）领衔[6]，他的任务是保证所有出现在影片中的美食色、香、味都凸显亚洲特色。

此外，在影片的配乐上，朱浩伟也抱有同样的执着，他尽全力保证所有的歌曲“疯狂地融合多元文化和身份认同，因为正是这些元素造就了亚裔美国人”[7]。因此，他要求影片中的音乐也要体现出亚洲文化和美国文化的融合。他选择了一系列经典的中文情歌，也列入了多首欧美经典歌曲并准备把它们改编成中文版，交给亚洲歌手来演绎。最能代表导演拍摄精神的一首歌是酷玩乐队的 Yellow[①]。

导演朱浩伟和影片的音乐监制盖布·希尔弗（Gabe Hilfer）打算将 Yellow 一曲安排在全片结尾。这首歌磅礴有力，完美地契合影片最后各种情绪的迸发与融合，可谓天衣无缝。

当他们找到酷玩乐队合作时，对方拒绝了。

酷玩乐队的犹豫不无道理。2012 年，他们发布新歌《中国公主》（Princess of China），歌曲视频里出现了女星蕾哈娜穿着中国传统服装的场景，当时被批“文化挪用”以及对中国的习俗缺乏敏感。更糟糕的是，他们在 2016 年又出现了类似的状况，在拍摄歌曲《周末颂歌》（Hymn for the Weekend）的视频时正值印度洒红节，歌手碧昂丝以印度传统造型出境，这让观众大为恼火，一位著名的印度教领袖还站出来批评这些艺术家对待他们的宗教信仰“态度轻浮”。

鉴于酷玩乐队已经多次因对亚洲文化不敏感而受到抨击，这次他们拒绝朱浩伟的合作邀请也在情理之中。他们表示，担心“黄色”这个词跟亚洲文化沾边会产生负面意味，因为黄色会让人联想到对黄种人的负面看法。

朱浩伟却不这么认为，他从小就喜欢酷玩乐队，也很欣赏 Yellow 这首歌的歌词，他想在影片中用这首歌改变人们对“黄色”一词的

① 歌曲 Yellow 的中文译名为《青涩》，yellow 的中文意思为黄色。——编者注

看法，让人不再一听到“黄色”就笑话亚洲人。

“（‘黄色’这个词）背后有隐含意义，我从小就被人嘲笑叫我‘黄色人’。文化还有很多其他方面，‘黄色’这个词都有别的含义。现在我想要主宰这个词。”朱浩伟接着说，“我还记得我听到酷玩乐队的Yellow时的心情，我在歌里感受到了黄色的美丽，这是太阳的颜色，也是爱的颜色，所以我当时有种想法：‘去你的’，黄色是多么美好的颜色，谁要是以后还用黄色取笑我，我不跟他一般见识，我们以后就会是这样的态度。”朱浩伟想借这首歌夺回对“黄色”一词的诠释权。[8]他说：“我们会重新主宰这个词，如果以后有人继续拿黄色取笑我们，我们会予以反击，告诉他黄色多么美好。”

信念坚定的朱浩伟没有放弃，在酷玩乐队拒绝合作之后他写了一封长信给乐队几位主创——克里斯·马汀（Chris Martin）、盖伊·贝瑞曼（Guy Berryman）、强尼·邦蓝（Jonny Buckland）和威尔·查平（Will Champion），向他们解释了为什么他需要在《摘金奇缘》这部影片里使用Yellow这首歌。[9]

他首先强调了他自己跟“黄色”的“复杂关系”，讲述了自己的成长经历，说他曾经怎样被别人用“黄色”这个词百般嘲笑和看低，但后来他听到了酷玩乐队的Yellow。朱浩伟在信中写道：“那是我第一次感受到黄色是世界上最美的颜色。你们用充满魔力的歌词触动了我的心，你们唱道：黄色是繁星的颜色，是她的肤色，是爱的色彩。多么振奋人心的画面，这深深地吸引了我，这首歌让我开始重新思考自己黄种人的身份。”他还在信中写道，他和朋友们很快就把它变成了像圣歌一样庄严的存在，从此开始重新看待“黄色”这个词，并为拥有它而自豪。

朱浩伟在信中制造了“冲突”，动摇了酷玩乐队认为“‘黄色’这一字眼对亚裔是种冒犯”的想法。他解释说自己的看法与之相反，他欣赏这首歌，认可歌词的含义，并且他想主宰这个词、拥有它。这就使得他的请求变得“良性”，也就是说这次音乐合作对酷玩乐队来说是“安全”的。虽然朱浩伟也委婉地提到了酷玩乐队曾经因种族歧视风波而备受诟病，但他同时强调这次合作不会产生这种麻烦，因为他的目的是要重新诠释“黄色”这个词，他要体现的是亚裔对美的诠释，不会跟种族主义联系起来。

他紧接着向酷玩乐队介绍了这部影片，言语间流露出自豪感。他写道：“这个故事讲述了女主角的心路历程，她在各种各样的经历之后认识到自己足够好。无论她在什么环境中成长受教，以及别人曾经如何对待她，她最终认识到了自己值得拥有世上的一切美好。影片的最后她意识到，应该对自己身上的多元传承深感自豪。”谈到Yellow这首歌的出场安排，朱浩伟说他打算在影片结尾女主角准备返程回家的时候播放，因为音乐响起意味着她即将踏上“充满力量和情感的旅程”，这在某种意义上是女主角的胜利时刻。对任何一个像女主角或朱浩伟一样曾经挣扎过、艰难地与这个并不友好的世界和解并找到身份认同感的人来说，这也是他们的胜利时刻，可以恰到好处地引起观众的共鸣。

最后，朱浩伟给酷玩乐队吃了颗定心丸，告诉他们最后这个场景“将让观看影片的亚裔美国人和其他人和我一样感到自豪，就像我第一次听到你们这首歌时的感受一样……我希望他们心中都能有一首圣歌一样的存在，希望他们能和我一样感受到这些歌词和旋律的美好，就像当初在我最需要的时候因为遇到了它们而感受到了美好一样。”

朱浩伟的信发出去之后，不到一小时就收到了回复，这次酷玩乐队答应了。他们随后观看了影片的部分情节，很激动，并同意让华裔女歌手何光玥录制这首歌的中文版本。[10] 这首歌在影片的结尾（即高潮部分）响起——这正是全剧意义最深刻的部分，也是朱浩伟特意设计的，此时的女主角已经认识到自己的优势和力量所在，并且认可了自己身上传承的多元文化和身份认同。

化解冲突的底层逻辑

朱浩伟的来信给予了酷玩乐队欢喜，也展现了他自身的价值。Yellow 这首歌在电影中出现，也让酷玩乐队得以重写他们的故事，让公众了解：对于种族、身份以及艺术、音乐和文化等方面的细节，酷玩乐队是认真且敏感的。由于之前他们曾经一被提及就和负面信息挂钩，这次和朱浩伟的合作无疑给酷玩乐队带来了巨大的价值。[11] 但如果没有朱浩伟予人欢喜的举动，以及后来酷玩乐队被朱浩伟感动而卸下防备，他们不可能意识到这一巨大价值的存在。

当你遭受批评时，拥有予人欢喜的能力可以使你获得重新出发的机会，它也能让你得到关键机会展示你如何提供额外的价值以及如何让自己富有价值。拥有予人欢喜的能力有助于消除人们对你的批评、扭转偏见，你甚至能因此让那些偏见为你所用。

小时候，父母时常在我耳边说起我妈妈口袋里装着 22 美元移民到美国的故事，上面这个道理就是那时候他们教会我的。

那时，我妈妈获得了来美国深造的学术奖学金，足够她支付学费，但书费、住宿费和其他生活开销得自己想办法。与许多移民故事里的桥段一样，我妈妈只带着几件衣服、几张照片和 22 美元便踏上了美国这片土地。她到美国之后第一件事就是找工作，她需要一份课余时间能做的兼职。可她当时说不了几句英文，我想一定遇到过不少困难。不过，直到今天我妈妈提到那段经历，她强调的从来不是这件事有多艰难。对于找工作的不易，她只是轻描淡写，很快就把话题转到了她最后是怎么找到一份珠宝店的销售工作。我妈妈认为这份工作很完美，其实并非这份工作本身完美，而是它不仅能解决她的收入问题，如果每个月能达到规定的销售业绩，雇主还答应帮她解决住宿。这正是我妈妈坚持下去的动力。

珠宝店老板在店铺楼上有几套公寓，我妈妈当时住进了其中一套，她和其他三个女生同住在一间房里。后来，她们成了挚友，一直保持联系至今。几个女生都非常努力地卖珠宝，我妈妈尤其拼命，只要是没在学校上课的时间，每分钟她都在卖珠宝。有时候她看店到很晚才收工，就为了增加业绩。

我妈妈很快发现自己达不到每个月规定的销售目标。不管她怎么刻苦、多么努力学做珠宝生意，她就是一单也没成交。光靠努力没办法帮她完成每月的业绩任务，没人愿意从一个不会讲英文的销售员手上买珠宝。她不知道为什么一直以来的努力都收不到成效，于是她下定决心，干脆反其道而行之，看看会有什么改变。我妈妈这种态度上的变化也是性格使然，以前她会很积极地迎接进店的每位顾客，现在她只是漫不经心地跟他们打招呼；以前她一个劲儿地为顾客讲解珠宝知识，现在她会跟他们开玩笑，打趣说自己在判断珠宝的品质和稀有程度上不是专家，但在欣赏顾客戴上这些珠宝以后美不美方面她最擅长。

几周后，我妈妈竟然成为店里销售业绩最好的员工。慢慢开始有回头客来店里找她，甚至带自己的朋友来认识这位他们口中“时髦、讲话犀利的珠宝销售员”。我妈妈也从来没提到过自己遭受的种种偏见，实际上即使你直接问她，她也不会回答你。不过你想想看，“移民”“亚洲女性”“讲不好英文”这几个标签一定给她招致了许多偏见。

她最终推翻了这些偏见，为己所用。她打破了人们对“年轻亚洲女雇员”的固有印象，一改谦顺、恭敬的态度，变成了一个时髦、说话犀利的销售员。这种改变是良性的，她因此成为顾客做购买决策时的最佳伙伴，和顾客站在同一阵线。在纽约的四年间，她一直安安稳稳地住在珠宝店提供的公寓里。我们将在下一章说明你如何能做到和我妈妈一样。

破局思维六

从脑到心，学会
联结彼此的情感需求。

7 恰到好处的社交

成功的秘诀中，最重要的是做好准备。

亨利·福特

出人意料的快乐往往是最让人欢喜的，但这并不意味着欢喜完全靠即兴发挥。正因为如此，你会发现予人欢喜和赢得转机实在是太难做到了——既要做好准备又要避免让人觉得做作，要在毫无准备与准备过度之间寻求平衡。

年轻的创业者奥萨马·阿马尔（Oussama Ammar）最初为自己的初创公司筹集资金时并不明白这个道理。他的公司做的是人才众包，在全球各地拥有95万名专业人士，为跨国公司的研发难题提供解决方案。

奥萨马居住在巴黎，因此他联系了巴黎本地的投资人，以及离得不远的伦敦和一些中欧国家的投资人，其中有一位尤其引起了他的注意，那位投资人曾在多家法国的能源和电力公司担任董事，在业内以善于发掘青年人才而闻名。如果能得到他的青睐，不仅在一定程度上有助于阿马尔拉到公司急需的投资，而且以这位投资人独到的战略眼光和商业洞察力，还可以在公司的许多重要事项上获得他的真知灼见。

但无论奥萨马怎么努力，他都没能得到那位投资人的青睐，对方似乎对奥萨马的公司毫无兴趣。但奥萨马知道自己缺的只是一次机会，只要能和那位投资人见上一面，他就一定能抓住机会把初次沟通时没传达的重要信息一一补上。

几周后的一天，奥萨马的女友回到家，向他提起了下班后和朋友去酒吧时的一个插曲——有个男人和她搭讪。为了让奥萨马吃醋，女友还故意补了一句："那个男的还给了我他的名片，是家大公司的总裁呢。"

看到名片的一瞬间，他发现那个名字出奇的眼熟。他对女友说："给他打电话，约他吃饭。"

• • •

你肯定能想象几天后这位投资人赴约时惊讶的表情，因为他见到的不是在酒吧偶遇的那位美女，而是奥萨马。不过除了刚开始有些吃惊，这位投资人可以说完全沉迷于这个荒谬又搞笑的状况。他和奥萨马很聊得来，后来他也成为奥萨马公司极其重要的投资人之一。

奥萨马将他的成功归功于他“几乎做好了准备”。和亨利·福特一样，奥萨马也明白成功的秘诀就是要做好准备。那么到底什么叫做好了准备呢？对奥萨马来说，做好准备意味着在需求到来、机会也出现的时候，他已经准备好予人欢喜。如果你已经知道该如何让自己富有价值（并且你也知道一旦机会来临，你就能让自己富有价值），那么你就会自信而坚定，并且在机会真正到来时能够信心满满地伺机而动、随机应变。

晚餐时分，那位投资人拉开车门送上一束花，准备迎接他的约会对象，此情此景下，奥萨马绝对是他万万想不到会看见的人。这个故事让我们意识到，创造惊喜可以造就予人欢喜的能力，它能促成一段关系并使得关系双方都富有价值。如果我们能以一种幽默诙谐的态度看待世界，并处理这种滑稽的状况，我们就能学会如何与他人打交道，学会如何予人欢喜。

为每一次交谈做足准备

曾有一次难忘的经历让我明白，予人欢喜应是随机应变的结果。那时，我正在欧洲工商管理学院读硕士学位，该学院是一所国际商学院，在法国枫丹白露、新加坡、阿联酋阿布扎比都设有校区。当时我和同学们正围绕一家公司展开讨论，那是我迄今为止听说过最奇怪的一家公司了。

那家公司专门生产鸡用隐形眼镜。[1]对，你没听错。1962 年，一位农场主意外发现他养的鸡里面有一些得了严重的白内障。这些得了白内障的鸡会食欲不振，不仅如此，它们还很听话，也不怎么打架。

鸡其实是一种非常好斗的动物，它们之间常大打出手，严重的时候会受伤甚至丧命，然后同类相食。它们有时打斗只是为了争夺吃食的先后顺序，有时则是为了在拥挤的生存环境中争夺空间，甚至有时竟然只是出于压抑或者无聊。视力不好的鸡却很少打架，也正因如此，这些视力偏弱的鸡反而能为农场主们带来更丰厚的收益。

有人因此想到了一个点子，一家叫光学畸变（ODI）的公司想到了用隐形眼镜削弱鸡的视力。（不仅如此，ODI 还想到了一种嵌入保留式的方法，使给鸡戴隐形眼镜变得更简单。这可真了不起。）这种隐形眼镜的工作原理是缩小鸡的视野并使其出现畸变，这时鸡仍然能看到东西，但是视野缩小，从而减少了它们之间的打斗和其他不必要的行为。此外，这些隐形眼镜是红色的，虽然研发者不太明确其中的原理，但戴红色的隐形眼镜确实可以进一步减少鸡的打斗行为和同类相食的现象。比起剪掉它们的喙或者其他措施，给鸡戴隐形眼镜要人性化得多，也更省事儿。

ODI 的这款隐形眼镜获得了专利，但他们很清楚，农业领域的大公司很快就会想到办法应对专利的问题。所以，我们在课堂上的讨论改为以下两个主题：ODI 公司应如何变现产品的研发，以及如何进行市场营销和产品发布。

我当时的老师齐夫·卡芒教授（Ziv Carmon）让我扮演 ODI 公司的销售员，同学罗伯特扮演农场主，我要向他推销这款产品。

让我扮演销售员，我毫无准备，所以一下子就懵了，但我知道要推销这个产品有三个要点，这三个要点包含了所有我需要了解的信息。有了它们，就足以了解这款听上去有些滑稽的、专门为削弱鸡的视力而设计的隐形眼镜。要点一有关于产品、产品特征和使用场景，要点二是财务数据，要点三则是相关风险、风险缓释以及潜在挑战。

弄清楚这三个要点后，我成功地向罗伯特推销了我的产品。要知道他可是在北达科他州长大的，多少懂些农事。他问我："我为什么要给我的鸡戴隐形眼镜？"我就把他和他的鸡都能受益的地方通通讲了一遍。我把罗伯特和他养的鸡都当成了我的顾客，把罗伯特当成了我的买家。当他向我提出一些刁钻的问题时，我依然对答如流："鸡戴了红色的隐形眼镜就会真正变成快乐的鸟儿，而它们的主人就会看到黑色（意思是看到黑色的数字，而不是红色的数字，表示赚钱了），变成真正快乐的农场主。"无论他提出什么疑问，我都能轻松应对。在课堂讨论进行到尾声的时候，教授赞赏地对我说："天哪，你是怎么做到让我们每个人都想把自己所有的钱拿来买这个鸡用隐形眼镜的？"

• • •

这次经历让我明白了一点：当你想要予人欢喜时，所谓的“再怎么准备周全都不为过”纯粹是在胡说。为某件事做准备是好事，但过度准备难免令你畏首畏尾。

就像拿破仑·波拿巴说的：“准备过头会干扰我们获取灵感。”[2]它会让我们想得太多，以致没法灵活地调整自己、评估事物。我们会变得迟钝而笨拙。马丁·塞利格曼（Martin Seligman）在对“有准备”这一状态进行基础研究后发现，过度准备会使结果变得糟糕。[3]它容易使人自满，医生会因此忽略一些具体病症和临床表现导致误诊，预报员会因此错过地震或其他自然灾害的预警信息。[4]

那次课堂演练过后许多年，我真的帮人做过一次推销。一位叫托德的创业者研发出了一款不错的财会类软件，颇具价值，可是他接触过的客户没有一个向他伸出橄榄枝。于是，他满脸沮丧地找到我，想看看我能不能帮他把产品卖出去。

我花了几周时间迅速了解这款产品和它的用途、成本结构、尚在研发的一些性能，以及他公司的一些具体信息和服务范围。随后，我和他一起参加了一场销售会议，买家来自太平洋西北岸，对这款产品颇感兴趣。

一番愉快的交谈后，对方很肯定地说：“你们的产品不错，我想买。”我看了看托德，他的脸上露出兴奋与喜悦，但紧接着是一阵惊恐，因为对方问他：“这款产品怎么卖？”

托德一下子就傻了，因为他不知道该卖多少钱。你可能会笑话他蠢笨，自己的产品都不知道该卖什么价格。但你得知道，这款产品的销售周期很长（6 个月以上），需要和客户反复就产品特征和性能进行讨论，最终才能谈成价格。可是托德之前每次接触潜在客户，所有沟通都集中在产品性能、如何改进、反复微调这些方面，没有涉及价格，而且他有 18 个月的时间都花在了产品设计环节，所以几乎没有多余的时间处理产品定价的事。

我也愣了几秒，看见托德一脸茫然，发现他还是没缓过神来，于是我振作精神，非常自信地回答对方："我们卖 1 万美元。"

对方说："好的，没问题。"

我说："是每年 1 万美元。"

对方说："当然，没问题。"

我又回了一句："是每个用户每年 1 万美元。"

客户答道："哦，那可能就有点儿问题了。"

我这才舒了一口气，正式开始谈价格。

托德之所以一直没能把产品卖出去，而且每当客户问价格他就惊慌失措，就是因为他了解的信息太多了。他对产品特征、未来的产品、公司服务以及其他信息了如指掌，但正是这些信息束缚了他的思维，让他无法灵活应对从而给出大概的产品价格。相比之下，我却有足够灵活的空间来谈价格，因为我很清楚可以在哪个范围区间内把握产品价格。当然，前提是我们都对公司情况了如指掌，才能合情合理地向客户介绍产品，告诉对方我们能提供什么。既要做足准备，也要保持灵活，让两者达到平衡。好在，确有方法可以锻炼出这种能力。

可复制的沟通方法论

我女儿学小提琴好几年了，最近恰好有个朋友感慨说学小提琴真是不错。学一门乐器确实能让人更聪明，能提高专注力、磨炼耐性，还能让人学会自律……好处多多。

但我可以很自信地告诉你，我女儿还在学小提琴最主要的原因是我实在太喜欢她的小提琴老师塔蒂亚娜（Tatiana）了（我丈夫也能为我作证[①]）。塔蒂亚娜是一位优秀的小提琴家，教孩子小提琴基本功也教得很出色。不过她更擅长的是教我女儿把握人生的“基本功”，也就是把握人生中的转机。或许塔蒂亚娜自己都没意识到这一点。

我女儿每次学一首新曲子、碰到与之相关的新情境时，塔蒂亚娜都会教她怎么做，她说：“你一定要先思考一个问题：‘这是首进行曲、舞曲还是歌曲？’”塔蒂亚娜继续解释道，你看，在学任何一首新曲子前你都得搞清楚，这究竟是一首旋律连贯、曲调激昂的进行曲，还是一首旋律轻快、让人翩翩起舞的舞曲，抑或是一首通过混合拍子和休止来表现人声的歌曲。如果你不理解自己拉的曲子，那么你就不知道要达到什么样的演奏效果。更重要的是，你不知道

---

① 我丈夫和我说过好多次，他真没想到我会这么喜欢塔蒂亚娜，甚至我俩有时争吵，他只要模仿塔蒂亚娜说话就能把我逗乐，然后成功说服我认可他的想法。

应该如何处理意料之外的状况。[①]

这和我导师告诉我的道理类似。菲尔·安德森（Phil Anderson）是我极其感激的导师之一，也是一个真正了不起的人。他曾对我说："你每次提问都应该想想自己希望得到怎样的答案。不然你怎么判断那个答案是不是出乎你意料，或者你能不能从中学到些什么呢？"你自己心里要先有个答案，或者随便什么想法都行，这样听到对方的回答时你才知道是不是意料之外的答案。这样你才能决定是应该用进行曲、舞曲还是歌曲的风格去演奏。这个比喻听起来有点儿老套，但很显然它不仅仅适用于练习小提琴，同样适用于其他领域的实践。拿我自己的经历打个比方，无论是我和学生一起研究初创公司的时候，还是我指导创业者从投资人那儿募集资金的时候，我都会告诉他们："你上场之前首先得思考：这次推介我是该用高度概括式推介、三言两语式推介，还是延伸式推介呢？"

高度概括式推介、三言两语式推介和延伸式推介是我要求他们进行思考和评估的三种原型。不管你是不是在呈现一场真正的"推介"，你都需要思考：我打算采用哪种原型？哪种原型最适合我，能确保我做到予人欢喜并创造机会让我富有价值？我在见埃隆时用的

① 每次聊到塔蒂亚娜和她出色的教学方法，我都能打开话匣子，比如和你聊聊她是怎么教我女儿要自信的，她会问："你是一匹马还是一头驴？现在你拉琴的方式好像一头驴。请好好拉，把自己想象成一匹威风凛凛的马，这样别人就会把你当成一匹威风凛凛的马。"在教我女儿为什么练基本功很重要的时候，塔蒂亚娜是这么解释的："你必须每天'开弓'练习，一天都不能落下。这就像生病了每天要按时吃药一样。这是练小提琴的重中之重，你想想你的家庭对你有多重要，这个基本功对练小提琴就有多重要。"

毫无疑问是高度概括式推介——我只说了一句俏皮话；我在陪托德见客户时用的是三言两语式推介——话题略有延伸，多了一些细节；至于卖鸡用隐形眼镜时用的方法，很明显是延伸式推介，我们和买家来来回回进行了多次实质性的讨论。

高度概括式推介能让你把自己的观点浓缩成几个准确、犀利的词语，在极短的时间内把需要目标受众了解的信息以一种迅速、“震撼”的方式传递给他们。比如，如果我问你“职场版脸书是什么”，你肯定立马想到领英（LinkedIn）；如果我问你纯电动版本的保时捷是什么，你很可能会想到特斯拉。

这个推介方式不只适用于企业推介。你想想，你希望自己用什么方式呈现高度概括式推介呢？还记得我是怎样让埃隆开怀大笑的吗？我让自己站在优势地位——我对他用的就是高度概括式推介，用一通俏皮话巧妙地将话题引到了他的财富水平上。

我们再来对比看看托德的产品推介：他的推介给出了更多的信息拓展和细节（当然，高度概括式推介也能传递大量信息），更多的是三言两语式简洁有力的推介（也被称为“电梯游说”）。如果要把一份 300 页厚的商业计划浓缩成几句简单好记的内容，那么我会考虑使用这个原型。

我告诉我的学生，三言两语式推介听起来可能是这种感觉的描述：对于（有需求的）那些（目标受众）而言，（某款产品）属于（能够体现某种核心优势）的（某个产品类别），不像（竞品或替代品），我们（在这个核心要素上和他们截然不同）。括号里就是可以根据具体情况替换的内容。

举个例子，埃隆·马斯克可能会这样向别人推介特斯拉：

> 对于（想拥有环保型高端跑车的）那些（富人和车迷）而言，（特斯拉 Roadster）属于（能够呈现无与伦比的性能，同时不造成环境污染）的（电动车）。不像（法拉利或保时捷），我们（有着卓越的汽车性能，却不直接产生任何碳排放）。

你又会给出什么样的三言两语式推介呢？一家初创公司也许有好几个版本的三言两语式推介话术：有针对供应商的，有针对潜在客户的，还有其他版本的，重点在于你的推介内容是什么，以及听你推介的目标受众是谁？打个比方，你不会用讨自己老妈欢心的方式给你的老板带来欢喜，你也不会用讨老板欢心的方法对待你的客户。

在托德和他客户的推介案例中，我们发现，在三言两语式推介之后，双方很可能展开对话。对方会向你提问，这很关键。正是从这儿开始，你即将度过予人欢喜的阶段，向呈现价值的阶段迈进。在三言两语式推介中，关键在于你得想清楚怎样能激起对方的兴趣，引导对方向你抛出不同的问题，然后通过出色的回答持续地予人欢喜。

这也是我为什么跟自己指导的学生以及创业者讲“这其实不是推介”，一想到推介，我们就把它等同于卖东西——它的本质其实是对话。你得先激发对方的兴趣才能聊下去。

这个道理也适用于第三种原型，即延伸式推介。所谓延伸，就是比两三句话更长但也不会超过一分钟。任何一种推介的时长都不应超过一分钟，因为一分钟之后你应该已经能和对方进行深入对话。

接下来和大家分享两个拓展案例，这也是我曾经和学生一起分析过的案例。一个会告诉你什么样的推介可行，另一个会启发你思考怎样的推介是不可取的。看看你能否区别出来，以及能不能给出判断的理由。

其中一项推介来自菲尔·利宾（Phil Libin），他是印象笔记的CEO：

大家好，我是印象笔记的CEO菲尔·利宾。

印象笔记是你大脑的延伸——任何重要事项都可以记在印象笔记上，随时需要随时就可以找出来。印象笔记适用于多种设备。我们有Windows版本和Mac版本。你可以在任何一个浏览器、任何一部手机或任何一台照相机上使用我们的软件。

现在，你的回忆将可以用各种形式留存下来，因为你有许多东西想要记录下来。这时我们的产品就派上用场了，比如，当你需要记下一个人的名片、一个白板上的信息、一个酒瓶的标签时，你就可以用印象笔记把它们都拍照保存下来。你还可以给自己留个便条，留条语音信息，这些内容都会上传到印象笔记的服务器，服务器会对它们进行处理和分类，让你能检索图片上的文字，按坐标分类进行检索，等等。所有信息都会同步到你的客户端，让你无论身在何处，都能随时找到你要的内容。

每位用户都有两种版本的印象笔记可以选择：免费版和高级版。使用高级版需每月支付 5 美元，用户可以获得无限储存空间和其他增值服务。

另一项推介来自鲁兹贝·沙萨瓦里（Rouzbeh Shahsavari），他是 C-Crete 科技的 CEO：

世界上使用范围最广的制造材料是混凝土，人均每年消耗混凝土 3 吨以上，整个混凝土生产流程所排放的二氧化碳占到了全球二氧化碳排放总量的 10%。

幸运的是，我们研发出了一种混凝土，不但将二氧化碳排放量降低了一半，其强度还是普通混凝土的 5 倍。我们的产品之所以如此特别，是因为我们找到了改变混凝土纳米结构的方法。这一方法不仅环保，还能节省 40% 的混凝土生产成本。鉴于美国市场每年的混凝土销售额超过 1 000 亿美元，这就使得我们的产品能为混凝土制造商带来巨额利润。

我们的团队目前有 5 名成员，包括 3 名麻省理工学院的明星教授。我本人正在攻读新型混凝土专业的博士学位，明年毕业。我们的团队正在寻找两位志同道合者加入。

这两个推介案例的本质区别只有一点：细节的多少。案例一的细节过多。如果你推介时用词的数量比三言两语式推介用词的数量多，可是哪怕你用的是延伸式推介，两种不同的推介方式都应该在信息量上保持一致。延伸式推介是我们最常用的一种方法。问题在于，一旦我们发现自己有充足的时间进行延伸式推介，我们最后说的话就会变得像这样啰唆冗长：“你可以把别人的名片拍下来，可以将写满内容的白板拍照保存，还可以给酒瓶的标签拍照……你可以使用任何一个浏览器、任何一部手机、任何一台照相机……或者可以用你老妈的照相机、你孩子的手机、你邻居的手机……”我想你懂我的意思了。

我们很容易在还没有成功地予人欢喜的情况下把我们富有价值的点通通亮出来，比如将产品的所有特性和盘托出。延伸式推介确实给予你更充足的时间来说服对方，但我们不能因为可用的时间变长了就添加新的价值点。延伸式推介需要我们做的是让原来那盘菜口味更丰富、色泽更诱人，而不是往里面添加新的食材。

三条发言要点

你头脑里存着哪些原型和范本并不重要，可以是进行曲、舞曲、歌曲，也可以是高度概括式推介、三言两语式推介、延伸式推介，或是一种你认为有助于自己应对某种状况的方式。你使用的原型可以有多种形式，重点是头脑里要时刻有现成可用的经典原型或范本，这样你遇到状况时才会有应对方法，同时避免以准备过头的状态处理问题。你可以灵活地修饰、修改给出的信息，可以根据需要微调和校正。在使用原型的同时，我会搭配着记住几个要点，例如一些数据或事实。这些要点可以搭配任何一种原型使用，就像那天在鸡用隐形眼镜推介课上我搭配使用了那三条要点一样。

我一次最多能处理三个要点。你可以按照自己的情况安排，一次能熟练地处理多少个要点就准备多少个。每次重要的电话沟通之前，我也会这样做，花五分钟时间列出两三个对话要点。两三个点对我来说刚刚好，足够我在深思熟虑的基础上随机应变，从而保证观点前后一致，并且有逻辑地推进沟通。这样做也有利于我引导谈话的进程。只要我心里清楚最要紧的那两三个点，或者非常了解潜在客户希望听到的答案或解决方案，我就能主导对话，在保证充分思考的前提下随机应变地处理各种状况，同时保持优雅得体。我会始终围绕这几个要点串联对话，保证不离题或不使话题随机发散，保证所有的沟通都能落回到这几个核心要点上。

这种做法让我每次都显得极有把握。我不止一次听到人们说我处理事情时的气定神闲和专业素养令他们印象深刻。通过培养自己形成深思熟虑后再随机应变的思维和习惯[①]，我得以予人欢喜，进而让人印象深刻，最后抓住机会让自己富有价值。

① 谈到深思熟虑后的即兴发挥，它其实是环环相扣的，能产生一系列后续效应。教“市场营销”课程的齐夫・卡芒教授带我们进行了有关鸡用隐形眼镜的课堂讨论后，当天他给我发了一封邮件，说他正需要一名研究助手辅助他工作，他问我有没有兴趣加入，于是我就顺理成章地和卡芒教授以及另一位教授吉尔・克莱因（Jill Klein）共事了。这就引导我开启了学术生涯，直到现在在大学里任教。那堂讨论课上，我还收获了一个挚友——克里斯・埃夫德蒙（Chris Evdemon），正是他指引我进入了创业和初创公司投资的世界，进而造就了我今天对于转机和优势的研究。还有扮演农场主的罗伯特・邓尼根（Robert Dunnigan），他热情地买了我推销的鸡用隐形眼镜，用在了自家农场的鸡群身上，我俩也成了好朋友，他给我推荐了许多意义深刻的书，改变了我对成功和我自己工作的看法，也扭转了我的观点，对赢得转机的重要性有了全新的认识。

破局思维七

高情商的人际沟通，
叫作恰到好处。

8
定位自我

你要意识到周遭环境的真实状况，
就想象自己是一棵植物……
你必须了解你所在环境的阳光条件怎样，
要知道周遭有些什么样的植物，
这也很重要，因为总是有些植物想要侵占花盆的空间。

泰瑞·伊佐

予人欢喜的能力并不总是瞬间形成的，它往往经过一段相对持续的时间才能显现出来。而且，予人欢喜常常是临场发挥，它源自你对自己所处位置的理解，以及对所处环境的认识。

也正是凭借这种能力，在我和拜伦拜访埃隆·马斯克时，我敏锐地意识到了他对我俩的定位，他把我们当成了两个轻率的人、两个向他兜售产品的创业者。当时埃隆的想法、他所经营的各个公司的状况，我和拜伦都有深刻了解，所以只要我们能够吸引他的注意力，就能拉近和他的距离，并用一种独特的方式使我们共度的时间富有价值。我们也是这么做的。

内衣品牌 Spanx 的设计师萨拉·布莱克利（Sara Blakely）凭借同样的方式拿下了她的第一单生意，敲定了和尼曼百货公司（Neiman Marcus）的合作。[1] 萨拉当时在和买家开会，中途发觉客户渐渐失去了兴趣，她知道自己只有这一次机会，于是立马抓住了客户对采购标准的严苛要求，急中生智把对方带到了洗手间。她穿上自己设计的 Spanx 内衣，向客户展示了穿上这款内衣前后的效果对比。萨拉的举动让客户对产品本身以及萨拉推介产品的方式都产生了兴趣，收效不错。

要了解自己所处的状况和环境，才可以随机应变、予人欢喜，这一点也是我成功开启职业生涯的法宝。临毕业的博士们最为重要的一段时间是去求职面试——去有聘用意向的学术机构进行为期两天的拜访。对我而言，最令我兴奋的一次经历无疑是和沃顿商学院的沟通。初步接触之后几个月，他们聘用我成为学院的助理教授。我当时不确定自己能不能成功找到工作，按理说应该压力非常大，但不知道为什么，我却十分平静，也许是我当时认为沃顿商学院这个目标离我太远了，不太可能实现的缘故。

面试的核心环节是求职的博士们就自己的研究做一个正式演讲，之后是面试官的连环提问。我演讲的前一晚，提前约好了和沃顿商学院的两位高级教授拉菲（Raffi）和麦克（Mac）一起共进晚餐，这两位是我们这个领域内备受尊敬的学者，更重要的是，我个人一直以来对他们的研究抱有钦佩和敬畏之情。

拉菲教授说会到我住的酒店接我，我们上车之后就聊了起来。我原以为他会问我很多具体的、深刻的问题以了解我的工作态度，或者就我目前在创业方面的研究刨根问底。但碰面后，我发现谈话比我想象的轻松得多。很明显，我想我会喜欢这位面试官的，他的魅力、性格和专业都极易让人产生好感。

我们聊到了我的家庭、跟台湾有关的事情，聊了我的童年，一路还说起了汽车油箱的大小和我吃牛排的口味，好像真的在和同事聊天一样，一切都那么自然。而且我能感觉到，他对选定了我参加这次面试也很满意。我和拉菲教授很聊得来，我也能感觉到他很希望我能好好表现。突然，他转头问我："你觉得你有多大把握入围？"

我回答道："说实话吗？老实讲我觉得只有 3% 的可能。"

能得到这次面试机会，我已经感到很意外了。我之前甚至问我的导师："沃顿商学院给了我面试机会，您觉得这是在开玩笑吗？可能他们已经面试过四个很满意的候选者了，然后突发奇想说'伙计们，我们面试面试这个研究投资人直觉的古怪女孩吧'。"

拉菲虽然在笑我的胜算估计，但他毫不犹豫地说："我向你保证，你的胜算比这大多了。"

晚餐期间，我们聊了很多，麦克教授问我，如果用 1～5 分给他打分，他的可信赖度、讨人喜欢指数、投入程度和热情度分别能得多少分（这几个维度都是我的博士论文研究中提到过的，我在论文中指出这些因素都会影响投资人在观察创业者时的直觉，所以麦克的问题并不是随口一问）。我回答说给他的可信赖度打 3 分，讨人喜欢指数打 2 分，他听后哈哈大笑。

在这两位或许会成为未来同事的教授面前，我感到无比自在。晚餐结束后，拉菲教授送我回到酒店，他对我说："和你相处很令人愉快。"

• • •

予人欢喜是你必须具备的能力，它需要丰富的经历和知识做基础。我们在前文提过头脑中有原型和范本的重要性，不管是急中生智还是临时起意，你都需要更多的细节支撑起予人欢喜的能力，或者保证你的这个能力经得起时间的考验。跟两位教授共进晚餐之前，我已经对他们的学术研究了然于心，并且很清楚他们的工作对创业领域的学术研究具有多么重要的基础性作用，我也清楚自己的研究在其中能发挥怎样的作用。此外，我十分了解他们通常和什么样的人一起讨论学术问题，甚至很清楚他们参加学术会议时常碰到那些企图接近他们，然后唯唯诺诺、阿谀奉承想要得到他们认可的人。

所以，当麦克发现我按照我研究里的量表维度给他打的是 3 分和2分的时候，这打破了他收到“全5分”的预想。我逆势而行，让他能够平等以待，把我当作可能成为未来同事的候选者，而不是他的下级。这使得我们得以专注于学术智慧的交锋，而且讨论完全未超出我可把握的内容。这让麦克觉得既有意思又很欢喜，他至今还和我说他对那次碰面记忆犹新。所以，我们要运用自己的已知，最大化地利用我们所面临的状况中显现出来的信号，用好手上的机会。

有个东西叫无可取代

我在成为教授前曾是工程师，更确切地说，我进入大学工作之前曾在投资银行工作，再往前推，我做过咨询顾问，再之前是工程师。在我最初做工程师的一家公司里，我的主管经理凯西·凯勒（Kathy Keller）在我当时就职的那家公司工作了40多年。有一次我问她为什么会在这家公司干这么久，她笑着说这份工作她差点儿只干三年就离开，还和我讲起了事情的原委。

她工作的第三年，公司经历了一拨裁员，她也在裁员名单上。确定被裁的员工将得到一笔遣散费，从收到通知之日起到正式离职有两个月时间，这段时间他们可以自行安排，既可以继续完成手头的工作，也可以去处理私人事务。不难理解，大多数员工都选择了后者，有人用这两个月去旅行，有人接受现实全身心地寻找新工作，也有人干脆休息一段时间培养一项新的爱好。

凯西呢？她选择留在公司把事情干完。几天之后，凯西发现几乎没有员工留在公司了，事情没人干，人手不够。公司当时在找人处理一些临时事务，凯西自告奋勇。后来公司成立了一个委员会来处理善后事项，需要志愿者帮忙，凯西也主动加入了。由于很多工作都是重新分配的，凯西便尽量多地承担了她力所能及的工作任务。她告诉我，当时她是这么想的："为什么不呢？现在帮忙做的也是我以前的工作，再说找新工作也占不了太多时间。"

凯西帮忙做的这些事情赋予了她新的角色，而这又使她拥有了独一无二的优势——有机会和仍在公司工作的同事频繁接触并给他们带来欢喜，这些人之中有很多都是公司的高层管理人员，他们也在物色人才。

后来的故事你可能猜到了。两个月一到，多位公司高管向凯西伸出橄榄枝挽留她，因为那时公司的许多关键业务都由凯西经手处理。这么一来，她不仅在高管们最需要人手的时候结识了他们、为他们分忧解难，也让自己的价值和能力变得无可取代。

找准自己的赛道

大约一年前，我朋友艾瑞卡成为一系列美发产品的销售代表，这套产品定位是奢华头发护理产品，宣称"萃取大自然精华"，确保能够"滋养"秀发。该公司的拳头产品是一款干洗洗发水，卖点是能够让头发"蓬松有型"。

其实不容易看出艾瑞卡是销售代表，因为她聊天时一开始都不聊产品（事实上，我甚至不确定她说过要卖产品这回事）。让我注意到她的是她发布的很多奇奇怪怪的脸书直播视频。每个视频里只有一半时间说正事，其他时间她都在说“废话”，什么“欢迎你进入直播间”“哇，安柏，很高兴认识你，祝你家庭幸福”之类的话贯穿整个视频。

这太奇怪了，但又很迷惑人。慢慢地，我看到很多用户反复在视频评论区留言（我不认识那些人），内容都是在夸艾瑞卡的头发好看。（“你的头发看起来简、直、完、美！”“不晓得你是怎么保养头发的，不过不管你用的什么方法，请继续这么做……这头秀发看起来又健康又迷人。”）

很明显，艾瑞卡和这些写评论的脸书用户加入了同一个美发产品直销团队，他们的目标有两个：一是卖美发产品，二是发展其他人加入自己的销售团队，用激励人心的内容卖美发产品。

我能看到艾瑞卡尝试着想要予人欢喜，但刻意而不真诚的操作恰恰起了反作用，事与愿违。予人欢喜是发自内心的，它源自诚实和诚心，因为它的目的是给予你本来就应该拥有或值得拥有的东西，也就是向他人展示你具有何种价值的机会。

我认为这一点的重要性再怎么强调也不为过。予人欢喜不是阿谀奉承，它可以是幽默，是一个能向他人展示你的价值的通道。在人们横冲直撞、以错误的方式解决问题的时候，它可以充当缓冲剂。它可以卸下人们的防备，但它掩盖不住本来就存在的不足。

艾瑞卡的另一次脸书视频直播一度成了“翻车现场”。我们之前的一个高中同学进了直播，同学们都知道他特别喜欢肌肉车[①]。看到他进了直播间，艾瑞卡开始对“热情”高谈阔论，她说了下面这段话，想要带给那位同学欢喜：

汽车。也许你热爱轿车，你呢……不管你做什么跟车有关的事情，你都是汽车专家。或许你喜欢拆引擎，你纯粹地喜欢把玩汽车或者调试汽车。也许你喜欢拿汽车来干什么事情。我不知道……你知道吗……你就加大马力吧。没有这种热情，你就活不下去。

艾瑞卡的举动完全没能向我们展示任何她能提供价值的能力。我们看到过太多销售员说自己是沟通互动专家，也有数不清的出版物在谈论影响力，可实际上你是否具有影响力与你是不是把它挂在嘴边没有关系。

你得到一个真正的机会，然后有出乎意料的举动，这样会给人们留下不错的印象，之后你才有机会使自己富有价值并呈现出真正的价值，这时才叫赢得了转机和优势。大家会记住你是怎么予人欢喜的，它就好比“糖霜”，在一块美味的蛋糕上撒点儿糖霜，蛋糕会更可口，但如果没有这块好蛋糕，人们不会持久地喜欢吃起来发腻的糖霜。

---

① 肌肉车（muscle car）指搭载大排量 V8 发动机、马力强劲的美国经济型跑车，它是美国精神的代表。——编者注

真实，真挚，真诚

要以真诚之心随机应变地去予人欢喜，这需要你时不时进行调整，也需要你认识到自己如何左右所处的状况，从而抓住机会凸显自己的才能和核心竞争力。

我和两位杰出的女性弗朗西丝卡·吉诺（Francesca Gino）和厄维尔·赛泽（Ovul Sezer）共同进行了一项研究，我们发现人们大概率地倾向于迎合别人的兴趣、偏好和期待，而不是尊重自己的情况。我们常常收到类似的建议，别人告诉我们：如果你在与人打交道时围绕他们的兴趣或者与他们兴趣相关的事情展开，并且你给他们机会聊他们自己的事情，那么对方更有可能对你产生好感。我不同意这种说法，但问题在于这种想法或建议流传太广了，以至于我们很容易察觉到别人在刻意猜测我们的好恶，哪怕他们才刚刚靠近我们。

予人欢喜是预测不了的。拥有予人欢喜的能力之所以能够助你占据上风，原因之一在于同时满足两个条件（“使人愉悦”以及“出人意料”）时，你能够让人感到意外。如果我们试着去迎合他人的喜好，别人就会心生警惕。

我们三个人合作进行的研究显示，如果人们改变甚至“改造”自己来满足别人的兴趣、喜好和期待，会产生负面影响。因为如果你预测或希望能迎合别人的喜好，这会让你更加忧心忡忡，显得虚情假意，并且在之后你真正得到机会展示和维持自己的价值时，你会焦虑不安。因此，你越不懂得发自内心、自然而然地与别人相处，越不可能在听到别人的反馈之后即兴发挥，为自己赢得优势。

你要尊重自己内心的真实想法和个人喜好，要允许自己展现真实的性格。你也要相信，即便你说的话、做的事和另一个人的喜好不一致，你也能够做到予人欢喜。只有在遵从内心、做真实自我的基础之上才可能予人欢喜，不做自己，反而一味讨好别人，这是无法予人欢喜的。

•••

当你押的筹码很大时，尤其难以做到不去迎合别人，比如求职。带了这么多届学生，我见过很多学生都经历过这种焦虑和担忧，他们有的得到了很不错的工作机会，也有不少屡屡被拒，灰心丧气。通过多年的观察，我可以告诉大家："谁最终成功拿下趋之若鹜的工作"和"谁真正当之无愧地承担这些工作"之间并没有多大关联。

在那些成功扭转局面的学生中，我发现了一个共同点：除了他们都聪慧过人、当之无愧获得那些工作机会外，他们似乎都具备一种特别的能力——能够予人欢喜，并且是发自内心、很真诚地这么做。这样的态度让他们能够充分展示自己的聪慧和价值，之后转机和优势就成了他们的囊中之物。

我有个女学生叫安东尼，她在找工作时遇到了难题。那份工作是她梦寐以求的，是一家医疗公司商务拓展团队的负责人，这份工作足以让她学习、成长，并最终回报她的公司。当她参加面试时，却发现工作地点在比利时或是法国，但她只能接受在美国东海岸的城市工作。

面试官问她工作地点是否可接受。她原本打算给一个留有余地的回答，毕竟她以前收到的求职建议都是让她先答应再谈判，但安东尼认为这家公司或许会欣赏她的坦率，于是她决定说出对这份工作和工作地点的真实想法。她对我说："我和面试官们进行了一场讨论，我问他们公司的主要业务增长和商务拓展工作都在美国，为什么却把工作地点设在了比利时和法国？他们一开始很惊讶，不过很快就露出对我的赏识，他们认为我的看法有道理。"

这家医疗公司对安东尼出其不意的反应印象深刻，她的反问证明了自己的价值，给了公司充分的理由雇用她，并且承诺这份工作的工作地点将设在美国东海岸。

我另一名学生彼得的经历也完美地证明了如果能做到在随机应变的同时予人欢喜，这是多么有力量的事情。他在面试时生动的表达也充分展示了自己的竞争实力和灵活反应。彼得收到了一家私募股权投资公司的实习通知，那家公司名气很大，求职者众多。收到通知之后，他却发现公司规定实习期间没有报酬。

于是，他找到了公司的一位合伙人询问情况，对方单刀直入回复他："在我们公司实习是没有报酬的。实习结束的时候，我们会给予优秀的实习生工作机会，那时公司提供的薪水和奖金可以说是所有金融机构里的最高水平。如果你接受不了，我们还有大把符合要求的候选人可以来填上你的位子，招实习生对我们来说从来不是问题。"

彼得回复道："不拿钱干活的人干的是粗活，我不做粗制滥造的东西，所以我应该收到报酬。"

• • •

随机应变指的是当我们处在某个特定的情境中，我们会对听众有所了解，而且能够按照当时当刻的情况引导对话的开展。私募股权投资公司的文化风格鲜明，彼得迅速意识到了这一点并利用它为自己创造优势。如果彼得和雇主的讨论是针对其他领域或行业，那么他可能会用完全不同的方式展现予人欢喜这项能力。

那天，和彼得沟通的那位公司合伙人绝对因为他的回应得到了欢喜。在听到彼得的回复后，他沉默了几秒，接着放声大笑，对彼得说："你非常适合这份实习工作，你会得到满意的报酬的，我保证。"

彼得的经历给我们的启示不是我们要自大无礼、狂妄放肆，彼得顺利获得机会的秘诀不是靠厚颜或傲慢，而是他有能力应对当时所处的状况。他此前就明白，在一家私募股权投资公司里，你要有直白、老练地表述观点的能力，这一点十分重要。正是在这个基础上，他得以根据沟通的情况随机应变，发自真心地予人欢喜。做到予人欢喜，需要你有自己的观点或视角，也就是说在真诚的同时放手一搏，出其不意。

彼得和安东尼都找到了出其不意的切入点，做到了予人欢喜，充分利用他们面临的不合理之处。新人可以达到这样的效果（在彼得和安东尼的例子里，某种程度上就是这样），专业人士更是如此。这让我想起了迈克尔·奥维茨（Michael Ovitz）说的话，他是创新精英文化经纪公司（CAA）的联合创始人，后来成为迪士尼公司总裁，他把“予人欢喜”称为“头脑和胆量的汇合点”。

艾琳·李（Aileen Lee）是一位风险投资人，同时也是 Cowboy 投资公司的联合创始人，她曾用一种十分令人欢喜的方式向我描述“予人欢喜”。[3] 很巧的是，“独角兽”这个概念是由她提出来的，她也因此闻名。[4] 独角兽公司指的是估值在 10 亿美元以上的初创公司（“成立不到 10 年但在公开资本市场和私募资本市场上估值超过 10 亿美元”是件很了不起的事）。艾琳在描述她的投资哲学时一样能言善道，她说投资时寻找的是被她称为有魔法的品牌、能够给予她欢喜的品牌，也就是说，她寻找的是“能够予人欢喜的新服务，以产品为导向、为用户创造魔法般体验的创始人”。

她就是这么形容优步（Uber）公司的，回忆起第一次被优步司机接单的“魔法”体验时她说：“你搭优步的车是这种感觉：只要一开始用优步，你就会不停地想‘噢，这太酷了，好方便啊，而且让我感觉自己好特别’。”

因为这种体验让你感觉自己很特别，所以你愿意为它付出额外的努力或者金钱。艾琳是这么描述的：“这就像星巴克效应。比如，你以前花 99 美分买一杯咖啡，现在你心甘情愿花三四美元买一杯咖啡，因为这杯咖啡给你的感觉好得多，就好像得到了每天一次的特别优待一样。”

怎么去发现那些有魔法又能予人欢喜的机会呢？去结识你认为能够给你带来欢喜的人，使用那些能让你变得欢喜的产品，融入那些能让你感到欢喜的情境，并且有意识地找出来它们能让你有这种感受到底是什么原因。无论是艾琳投资的公司，还是在她自己身上，她都训练出了这种能力，能够识别出予人欢喜的事物。你越是这么训练自己，越能够更好地感受这些予人欢喜的事物，提高自身予人欢喜的能力。

我已经见证过许多人通过实践了解哪些是出人意料的予人欢喜，同样重要的是他们学会了分辨哪些事物是不真诚的。

我们都有能力使自己富有价值，但如果我们在富有价值的同时能够具备予人欢喜的能力，那便是真正的魔法绽放时刻。通过这种方式，人们就有机会接纳你，也使得你有机会创造属于自己的转机和优势。

破局思维八

不要模仿别人，
打造属于自己的社会面孔。

第三部分

善于引导

9 掌控外部的声音

你永远不知道在你的穿着里能看出来多少信息。

汤姆·沃尔夫

当人们打开大门接纳你，你会怎么做？在你做到了予人欢喜、向人们展示了自己富有价值、人们接纳了你之后，你会怎么做？答案似乎很明显，你会去呈现价值。你开始埋头做事。也确实没错，这是你应该做的事。但除此之外，你还需要引导别人如何看待你所做的事和你的价值。

我们还需要引导他人的看法，因为能带我们通往成功的“杠杆”不掌握在我们自己手中，而那些撬动杠杆的人会基于他们自己对我们能力和个性的认识来下判断、做决定。

我们不能要求别人为我们撬动杠杆，但我们能在他们“怎么撬动杠杆”这件事上加以引导。我们能够引导整个进程的发展，而不是坐等别人告诉我们，他们决定让我们怎么做。

这就是第三部分我们要探讨的内容：你要如何引导别人形成对你的看法，以及你能如何让自己富有价值。你一定要引导事情的发展进程，不然别人对你先入为主的看法就会占据主导地位，这些看法一定存在，不管他们对你的看法是好是坏。如果你能加以引导，你就能扭转局面，将他人对你的偏见为你所用。

了解自己，撬动成功的“杠杆”

“做你自己”是我们常常听到也经常给别人提出的建议，这句话我讲过好多次。我有朋友在面试前很紧张，我会说什么？做你自己。有人要去做一个很重要的陈述，我会说什么？做你自己。有朋友要去约会，人们会对他说什么？还是做你自己。

由于我们发自内心地予人欢喜并因此受益，所以从原则上看“做你自己”这条建议是不错的，但它太笼统了，如果不了解“做你自己”这条建议的具体操作，那将是很危险的事。这条建议并不适用于每个人，它操作起来挺复杂的。

当听到别人对我们说“做你自己”的时候，我们首先想到的是自己擅长的事。有时，你擅长的事就像标签一样显眼，很容易引起别人的注意。例如，有人说“我擅长打网球，我受邀参加了青奥会，在女子网球单打比赛中排名第 16 位”，或者有人说“我擅长弹钢琴，我 10 岁时曾在卡耐基音乐厅演奏”。

但有的人，比如我，在描述自己擅长做什么时就没这么轻松了。我小时候只会跟别人说我擅长读书，我说我喜欢上学，特别是喜欢上数学课，我还说长大了要当一名数学老师。我很骄傲自己能记住乘法口诀表，我喜欢看长除法题目和问题的答案优雅地对应，我热爱几何问题完美的对称性。我学数学就像呼吸一样自然，一点儿也不费劲。

很多人听了我的话可能会猛摇头，或者暗暗感到震惊，或是暗中嘲笑我、讨厌我。可是我在其他很多方面都谈不上擅长，我个子不高，胆子不大，甚至可以说在其他方面我都垫底。数学是为数不多的我发现自己不费力就擅长做的事情。即便这样，我也是因为在学数学这件事上遭到了别人的差别对待，才意识到这是我的优势。

• • •

高中二年级时教我代数（二）和三角学的是海因先生，高三的时候又是他教我们班微积分。（我一直上的是公立学校。大家知道吧？学校没有宽裕的预算，请不起那么多老师，所以可能你读书的几年间会遇到同一位老师授课。）

一开始我很喜欢海因先生，而且是真的崇拜他，因为海因先生也热爱数学。你知道吗，如果他在黑板上画出了一道完美的抛物线，他都会开心得尖叫。我从他那儿了解了不少东西，包括数学知识，也包括拥有优势（或者说缺乏优势）。

海因先生设置了一块“完美考试”公告板，摆在了讲台附近最显眼的位置，就靠在黑板上。如果你能在考试中拿满分（必须得是一场考试，不能是小测验或者家庭作业），海因先生就会把你的名字写在一颗金色的星星上，一整年都会留在公告板上展示。这可不是随便的一颗星星，它可以称得上是女王版的星星，直径足足有 25 厘米。海因先生会一丝不苟地往星星上贴又厚又闪的金色彩纸，星星的五个角也剪得很好。接着，他会用不掉色的笔小心翼翼地写上你的名字，还有你完成这场完美考试的日期，而且就写在星星的正中央。它看上去真是太美了！大家之所以都想要这颗星星，是因为它稀有，一年发五六颗星星的情况并不常见。

我跟海因先生上了那么多年数学课，你猜猜我得过几颗星星？一颗都没有。

好吧，不管怎样我至今想起来还是伤心。更让 14 岁的我灰心丧气的是，班上有个叫伊丽莎白的女孩，两年间她得了 9 颗星星。我对伊丽莎白没有意见，她可能真的是天资聪慧。但我记得每次她得满分的时候，我看她的试卷（满分试卷会展示在星星旁边）都会发现我俩的答卷几乎一模一样。每次她得满分，我得 99 分的时候，唯一不同的地方就类似于她写的是“7x = 49；x = 49/7 = 7/1 = 7”，而我写的是“7x = 49；x = 49/7 = 7”。就因为我没写其中的“7/1”这一步，我就被扣了一分。

当我去问海因先生为什么我被扣了分的时候，他就和我说我每多质疑一次他的打分，他就会再扣几分。所以我就不问他了，在课堂上我也不提问了。每次在课堂上，只要伊丽莎白有不明白的概念，全班就要一直停在那个问题上，我就会因此又无聊又烦躁，而当我提问请老师解释某个问题的时候，他说不能浪费全班的时间给我一个人解释，建议我课后请教其他同学。

那年期末，为了在高中最后一年能上微积分荣誉课程（而不是微积分基础课程），同学们需要请老师在一份表格上签字同意。我失眠了好多天，虽然我所有数学考试的成绩几乎都是满分，但我还是担心海因先生不同意帮我签字。最后，我鼓起勇气找他签字，他看着我说："我认为你还不能去上微积分荣誉课程。"但我们班很多数学成绩不好的同学都拿到了他的签字。

那次经历之后，我再也不想当数学老师了，也不再认为自己擅长数学。

• • •

自我意识是一种认知，关于我们是谁、我们以什么为价值追求、我们的内在力量是什么。当我们谈到"自我意识"的概念时，谈的是我们内心对自己的认识。然而，要想赢得转机和优势，既需要你对内在自我的认识，也需要这种自我认识与外部世界的互动。关乎你自身，也关乎你所处的环境和状况。这是我不曾明白的道理。

我们需要了解自身，也需要把握所处的环境和状况，这一内一外两层因素相互补充，我们才可能成功。以前的我并不明白一个道理：如果你忽视他人对你的真实看法，而且不主动去引导，那么你的自我认识和自我意识其实是有限的，无法帮助你走得更远。

早在 1890 年，哲学家、心理学家威廉・詹姆斯（William James）谈到自我意识时，称它是“可以使人连续地感到‘连接’和‘未被阻断’的源头”。[1] 随着研究人员对自我意识这个概念的理解越来越清晰，他们也更加自信时，自我意识又被定义为自我反思的能力和认识自身价值观、热情、抱负以及与环境互动的能力。[2]

然而，这些早期的定义聚焦的是自我，而不是社会自我。当下对于自我意识的认定似乎也是一样。自我意识已成为时兴的热词，每个人都想要有更多的自我意识，看看“BuzzFeed 小测试”有多火就可以印证这一点。（来看看这款小测试的问题，举个例子：哪集《老友记》和你的性格最相符？你是迪士尼童话故事里的哪个公主？你把自己比作哪座城市？哪种颜色最能代表你的性格？我得承认我回答过这几个测试问题。）

科学界也有类似的测试，例如学界广泛使用的 MBTI（迈尔斯布里格斯类型指标）[3]，MBTI 试图找出你的特点，将你归入 16 种人格类型中的一种，把握你的态度和倾向（你是偏内向还是偏外向？你是更多地凭借思考还是凭借感觉采取行动），并用简单的标签来描述它。

我很愿意拿 MBTI 来归类，并且更充分地认识我自己的价值观、感受和动机，这很有意思。拿它给自己测完之后再去和别人聊测试结果也很有趣。[①] 但是，这类测试在很多方面都存在问题，例如并不符合心理测量学量表的基本标准。实际上，像 MBTI 这类测试缺乏普遍的外部有效性，它们是以过时的精神分析方法为基础，而且过于简化，以至于它们在科学和方法层面的分析都不准确。[4] 除了对测试方法的担忧，我们还应对这些测试保持警惕，因为它们会产生一种假象，让人误以为"自我"可以独立于外界环境而存在。

人们喜欢做 MBTI 这样的测试，并且常常将其奉为真理。[5] 然而，"自我意识"这类流行的概念并未考虑具体情境和个体差异，不利于真正地形成自我意识。因为人的性格是有机统一体，并非一系列二元对立的概念。例如，我可能表现出来的是内向型性格，但实际上我的性格处于内向和外向之间，这得看具体情境。其实我们都是这样，在不同的情况下，我们都会有这种"居中"的表现。

MBTI 这类评估测试假定人的性格特点是"静止的"，而实际上最为成功的人都认为他们的性格和技能是可以"流动"的，他们会

① 例如，我是 ISFJ 型人格，而在讨论这个话题时，我丈夫测出来他是 ENTP 型人格，是完全相反的两种类型。这就很有意思了，因为经常在我和我丈夫之间出现分歧的时候，我会迅速指出让他别这么像一个"思考派"，试着去做一个"感觉派"。我从来不曾成功说动他，一次都没有。

根据不同的情境灵活呈现不同的性格特征和技能。① 因此，如果我们认为“自我”是静止的、孤立的，这种想法贻害无穷，因为我们或许会在本来可以赢得优势的情况下错失良机。如果我们不重视具体情境对性格产生的影响，那么我们就给自己施加了限制，不能很好地根据自己所处的情境灵活地寻找和把握转机。

我们希望在真实自我和外部环境之间达成一种平衡，让它成为我们的助益而不是限制。这样我们就能像朱迪·嘉兰（Judy Garland）描述的那样“永远做一流的自己，不做别人的二流翻版”[6]。

• • •

我们始终聚焦于别人对我们的看法，以及他们的看法会怎样影响我们对自己的认知。如果我们内心陷入矛盾该怎么办？我们如何调剂好“别人告诉我们应该成为怎样的人”以及“我们清晰地认识‘自我’同时引导外界对那个‘自我’的看法”这两者的关系？

关于“我是谁”“我的价值何在”“我的内在优势是什么”，如果

---

① 即便我们用的是经验证明更为有效的性格模型，我们也应该牢记性格特征是有机统一的。如果我们给人们在任何一个单一的性格维度打分，把结果划为高中低三个类别，那么世界上共有 243 种（3^5）性格类型，这些人都是你在现实生活中想要去影响和适应的人。这还只是按“五大”性格特点做的计算。如果我们按 BFAS 十维度性格模型来计算，会得到 59 049 种（3^{10}）性格类型。或者再换种方法，就像我的朋友、心理学家斯科特·巴里·考夫曼所说，如果你真想疯狂地计算一把，那么拿 AB5C 性格模型的 55 个性格方面来评估，会得到 2 954 312 706 550 833 698 643 种性格类型。

没有人对你在这几个方面指手画脚，我们大多数人最开始在内心里都具有强烈的自我意识——他们能清楚地感知到自己的上述特点。我在读书的时候非常了解自己很擅长数学，我能迅速吸收复杂的数学概念，我觉得学数学很有意思，它能让我放松，徜徉在数学的海洋中，我感到无忧无虑。

然而，如果受到别人的意见影响，我们与生俱来的自我意识就被削弱了。我们生活在一个喧闹的世界，不管我们愿不愿意，我们都和不同的人以不同的方式联系在一起。你可以达到怎样的成就、你能走多远，这些事的决定权往往掌握在别人手上，比如可以左右你升迁的公司经理、手上掌握了你的项目所需资金的投资人、将会决定我们市场地位的合作商，还有能够决定我们将来职业发展轨迹的数学老师。如果你只是单纯地试着“做你自己”，那么无论别人怎么看待你，你都无可避免地会受他人看法的影响。

我们想到的应对之策可能是对别人的看法视而不见，也就是对周围的世界按下静音键，只能听到自己的声音。当然，我很支持正念冥想的做法，也知道这么做的好处。但这并非万全之策。事实是，我们生活在一个人与人相互依存的世界，将自己孤立于他人的意见和想法之外，这是不可能的事。尝试过只听自己的声音、只沉浸在自己的静默世界里的人很快就发现这种做法不可持续。

但这并不意味着在没有我们的参与、缺乏自由选择的情况下被别人的意见左右，让别人来决定“我是谁”，以防我们任凭别人来定义我们的价值观、感受、动机和希望。但我们确实会允许别人伤害自己，就像我曾任凭海因先生的看法影响了我对自己的认识一样。

相反地，我们把自己和他人放在什么位置、别人怎么看待我们，这都是我们有能力加以引导的。前提是，我们需要了解自己——我们对自己的看法以及我们如何内化他人对我们的看法。[7]只有这样我们才能主动地调和与引导别人的看法、声音和观点，以及我们所了解的自己。

因此，接下来要走的路是一条为你自己创造转机和优势的道路，它关乎确认和了解别人对你的看法，同时让自己不要拥抱或全盘接受他们的观点。当然，你可以接受别人的观点，这样你能够有意识地加以应对，但不要怀着拥抱或全盘接受的态度。因为我们从下文中会知道，别人的观点和看法在很大程度上跟你没有关系，而是关于他们自己的不安感、他们自己设定的目标，以及他们想要与之调和的自我意识。

如果我 14 岁的时候能认识到这一点，我就会意识到海因先生对我的数学能力的判断对我的自我认知产生了负面影响。那么我就不会受到那么大的伤害了。①

主动释放引导型信息

在新泽西州纽瓦克有个年轻人叫阿什莉·爱德华兹（Ashley

① 不过，世事总是有其意味，我必须发自内心地承认海因先生确实是我遇到过的业务能力最强的数学老师，我会一直对他教会我的知识和道理心存感激。

Edwards)，她是个沟通高手。她父亲在纽瓦克的旧城区长大，她家族的许多成员现在也住在那里。在阿什莉心中，这座城市也是她的家乡，现在她大部分时间都在那儿度过。她与合伙人共同创立了一家叫 MindRight 的科技型非营利组织，这个机构的成立是为了帮助纽瓦克的有色人种青少年治愈创伤，例如情感上遭受了虐待、被忽视或遭到了暴力对待，这些都是她曾目睹或在成长过程中亲历的创伤。[8]

阿什莉在 MindRight 的工作如鱼得水，她和学生们聊他们遇到的困难、聊他们编的脏辫，也帮他们走出阴影，因为有的学生亲眼看到了他们的同学遭到枪击后死亡、有的学生的父母在监狱服刑。这件事做起来并不容易，但阿什莉认为她作为一名黑人女性很适合这份工作。这份事业是她的一亩三分地，纽瓦克就是她的家。

不过，她从前生活在加利福尼亚州帕洛阿尔托，那是美国收入最高的城市之一，她在那儿读斯坦福大学，拿下了工商管理硕士（MBA）学位。再往前推，她在康涅狄格州纽黑文市就读于耶鲁大学，主修经济学。不过，在斯坦福和耶鲁的美妙日子也伴随着痛苦的回忆，她深深地意识到，这些声名在外的高等学府口口声声给学生创造的优势条件都是属于其他人的，与她无缘。她记得读书的时候，同班同学的创业点子被老师评价为“几乎没什么根据的想法”，但他们也从老师那儿得到了资金支持来创办公司。她在创办 MindRight 的时候，以为自己也能享有同样的待遇，但这些资金支持从未对她开放。

让别人认真对待阿什莉和她创办的非营利机构真的很难。她在斯坦福大学读书的时候开始筹备 MindRight，当时她找到了慈善基金会的投资人，因为他们资助了许多和 MindRight 类似的机构和公司。她原以为他们会一眼相中她这个项目，但结果不尽如人意。或许他们相中了这个项目吧，但可惜她不是他们中意的人。

最开始，投资人让她“回去多得几项奖学金再来找我们”，因为这样“你才能向我们证明你是一个认真的竞争者”。她试着说服自己，投资人这么要求只是想保证她在创业这件事上是可靠的。(她努力压制住心里的其他想法。尽管她身边所有不是黑人的同学，以及她在斯坦福、耶鲁的朋友们都被人称赞为出身名校的可靠人才)。可是尽管阿什莉拥有这两所世界名校的学位，她深刻地感受到，因为自己的肤色，她需要一次又一次地向别人证明自己。这使得她开始厌恶自己的世界名校学子身份，这让她沮丧又生气。后来，她屡次获得奖学金——正是几个月前投资人要求她去争取的奖学金，但投资人又告诉她，她需要“先去做一个创业试点项目，这样你就能获得更多数据，让我们认为你更可靠”。后来，她做成了三个创业试点项目，一个在新泽西州卡姆登市、一个在华盛顿特区，还有一个在纽瓦克。纽瓦克的项目不仅形成了可行的商业模式，而且开始盈利了。但这时，投资人给的回复又变了，这次他们直接告诉阿什莉，很遗憾他们不能投她的项目。后来，她在各种会议和活动的小组讨论中遇到了那些投资人，她坐在那里听他们高谈阔论，他们说自己尊崇平等、致力于为有色人种创业者提供资金支持。她还听到人们赞扬这些投资人的多元和包容，说他们在全新的、包容的社会创业生态体系里扮演了游戏规则改变者的重要角色。

阿什莉还记得她找回“自我”那天的情景。她当时正在和一位潜在投资人开会，他突然聊起了跟 MindRight 完全无关的话题——火人节。火人节每年在黑石之城举办，黑石之城是美国内华达州西北部沙漠里的一个临时城市，因这场活动而生，随着活动结束而消失，人们欢聚在此，为艺术、为自我表达、为公民责任、为去商品化等各类话题而狂欢。她和投资人相谈甚欢，当投资人转而拿火人节对比科切拉音乐节和戛纳电影节等活动时，阿什莉和他聊得很合拍。那次聊天一度让她觉得不真实，因为这场对话跟一小时前她刚结束的和她的学生们的谈话形成了强烈的对比。

她意识到，纽瓦克旧城区的学生们是不会知道“火人节”是什么的，她却可以就火人节、科切拉音乐节和戛纳电影节侃侃而谈，在和投资人的对话中让自己闪闪发光。这些地名、文化概念、主题都是阿什莉的一部分——是她所了解的、能够发表看法的领域，而这些都得益于她在世界一流高等学府受教育的经历。她对这些话题都能说得头头是道。

阿什莉不再挣扎着去证明她的身份——一个来自“非典型”的家乡城市、受过高等教育的少数族裔女性，她决定承认并拥抱自己的背景和视角。她意识到，以往她接触的投资人从某种程度上讲并不理解纽瓦克的孩子遭受过怎样的创伤。他们对阿什莉的过去以及她未来应该成为的模样有着先入为主的认识，他们认为她就是来自某个旧城区、为心理健康奔走呼号的黑人女性。阿什莉还意识到了一点："我简直疯了，我竟然任由别人让我以为问题出在我身上，而不是他们的问题。"

于是，阿什莉决定改变思路，通过打电话和投资人聊项目，因为这么做他们无法从声音判断她的肤色。在电话那端，投资人考虑的是她的教育背景和显著的优势，他们会基于这些信息来了解阿什莉。

她允许自己拥抱身上的两个身份：一边带着耶鲁大学高才生的光环拜见投资人，一边说服自己不要怀有任何背叛了纽瓦克家族的感觉——像其他耶鲁大学学生一样成了耶鲁人。

阿什莉发现，这个部分是最折磨人的，因为她感觉自己是个背叛者，但这不是背叛，也不是出卖，这是让她能够接受自己身上各种不同的、复杂的拼图片段，正是这些过往成就了今天的她。当她允许自己表现出过往经历当中的不同侧面之后（甚至是在投资人面前表现出自己的脆弱，坦言自己受抑郁和心理健康困扰的心路历程），阿什莉得以引导投资人对 MindRight 形成了不同层面的看法。她很好地展示了自己的独特价值：既深刻了解 MindRight 所服务的群体，也对投资人的目标和动机了如指掌。

阿什莉发现，当她拥抱她的真实自我后（包括她的所有身份和她的多个"自我"），她成功地为自己创造了转机和优势，这使得她能够更有效地与两个世界的人建立联结，并向他们展示自己如何为他们带来价值。[9] 如阿什莉所说："这让我能够在两个世界里如鱼得水，同时照顾到两个群体的需求。我感觉自己一帆风顺，不受任何阻碍。”

• • •

“做你自己”需要你坦然收下自己身上各种不同的、复杂的拼图，把它们拼在一起。在阿什莉的故事里，当她拥抱了自己身上的多重身份后，她赢得了转机和优势。但阿什莉的做法放到其他人身上或许不可行，外部需求可能会把你往其他方向推，因为人们对于你“应该”是什么模样有他们的期待。

实际上，自我意识由两部分组成——内在自我意识和外在自我意识，它们是密不可分的。[10] 威廉·詹姆斯曾写道：“每个人都拥有多个社会自我，正如每个认识你的人对你的印象都不同。”[11] 通过观察我们是怎么适应社会关系结构的，以及通过了解他人对我们的期待，我们开始认识自己。[12]

人们的自我有多个版本，别人期待我们成为的模样也有多个版本。如果你能拥有真正意义上的自我意识，你就可以成功地引导别人以及引导他们形成对你的认识。

为别人就是为自己：调整人们的期待

2010 年之后的几年，阿什顿·库彻（Ashton Kutcher）出演了多部电影，其中一部是众人瞩目的传记电影《乔布斯》，库彻在影片中扮演的是富有远见的苹果公司创始人史蒂夫·乔布斯，另一部是搞怪浪漫喜剧《整编特工》（*Killers*），库彻扮演的是一个最后金盆洗手的“铁憨憨”杀手。

库彻身边许多朋友强烈建议他不要接乔布斯这个角色，因为他塑造了不少接地气的浪漫片主人公形象，演艺道路蒸蒸日上，他们担心库彻接了这部戏会对他的演艺生涯造成负面影响。

《乔布斯》上映之后的几个月，我在一次会议上碰到了库彻。[13]台下有一位观众向库彻抛出了一个问题：演员能对世界产生什么影响？他的回答出乎我的意料。

我承认我从没想过会引用阿什顿·库彻的话，但他那天的回答一直在我耳边回响，深有共鸣。当人们面对社会压力、外部压力、需求和现实并挣扎着“做自己”时，这也是我反复嘱咐他们的话。库彻说：“我为他们拍一部，为我自己拍一部。”

他这句话的意思是：对于别人希望你成为什么样的人，你要平衡和考虑实现这个目标的外部要求，这很重要，同时也要给自己自由，去拥抱你个人所选择的现实，这也很重要。他要自己决定接什么样的电影，他的经纪人也会施压要求他拍摄某些电影。很长一段时间，人们认为库彻是最适合演浪漫喜剧的人，他是公认的票房保证，可以凭借他的魅力为影片吸引来大量观众。

库彻真正想拍的是艺术电影，是能够直接和他灵魂对话的作品，例如戏剧作品、艺术片和独立电影，是像《乔布斯》这样的电影。

但他也明白，要想在好莱坞生存下来、获得成功，他需要拍爱情片留住自己的观众和大众关注度。

所以他怎么描述自己的做法呢？他说："我为他们拍一部，为我自己拍一部。"一部是为了将他带到观众面前，让自己名声不减，另一部则是真正能够和他自己对话的影片。

也许有人认为库彻的做法是一种背叛，但我看到的是一位艺术家发挥他的聪明才智在引导人们对他的期待，并且他找到了能够满足他人期待的方式。人是复杂的生物，每个人都有多重身份。你的其中一个身份可能在这种情况下比在那种情况下更重要，但它们仍然是我们自己独特的身份。就像库彻，他既是浪漫喜剧演员又是一些雄心勃勃的大制作影片中广受赞誉的演员。他主宰自己的全部优势，包括去做一些对他个人来说不那么有成就感但仍有意义的事。什么时候我们能有这样的自我意识，我们就不用再牺牲自己的抱负和希望来引导人们的期待了。

•••

那么我们如何拥有强烈的自我（同时又不排除我们必须依赖的外部因素）？

正如我们从本章其他故事主人公的经历中看到的，当你告诉别人要"做自己"的时候，其实是很让人困惑的，因为别人的"自己"有很多版本。你自己也有很多自我，所以首先是自己跟自己比，不要跟别人相比。

其次，要记住生活的韵律，要留意生活的节奏——那些生活当中似乎在不断重复的情节、你获得成功和遭受挫折时情节的相似之处等。

再次，当你开始了解这些模式时，不要追求绝对，要有方向感。我们似乎更愿意把关于自己的一切都打包在一个整洁的小包裹里。不过，只要知道哪些领域对你来说是“正确的方向”、哪些是“错误的方向”就足够了，实际上这是更好的方式。

培养方向感而不是追求绝对这一思路可以帮助你管理他人对你的印象并引导他们对你的看法。你可以更加灵活、有更强的适应性，并且你不必猜测他们到底想要你变成什么模样（因为正如我们在故事中看到的，他们其实自己也不清楚）。你可以像阿什莉一样拥抱自己的多重身份，或者像库彻所描述的那样分拆并保留自己的多重身份，这使得你成为闪闪发光的自己。

如果你能培养自己大致的方向感，那么你就更有可能避开那些不能发挥自身优势的目标，以及那些会让你艰难地遭受不公平的目标。我们经常把自己框定在自以为的优势里，限定得像鸽舍入口那么狭窄，而不是基于那些优势培养更多的优势。例如，我们不说“我运动能力很强，所以我要尝试多项运动”，相反，我们会逼着自己无论如何要在某项运动上出类拔萃。我们有时忘记了一点——你并不是一维生物，人的自我意识本身就是一个难以捉摸的目标。我们从不真正了解自己，我们能做的最好应对就是培养自己大致的方向感。

最后，培养方向感能让你径直地朝着让你感觉不错的事情努力，同时找到能够培养转机和优势的方法。朝着一个方向前进吧，你不需要担心自己有没有找到正确的方向。问问自己，当我朝这个方向走的时候，我感觉轻松、快乐吗？还是说四周笼罩着害怕、受限、黑暗的感觉？某个状况或一次沟通会让你有这种不好的感受吗？像这样排除掉一些选项，你的选择就会更清晰。有时，找到正确方向最为快捷的方式就是做排除法。接下去要做的就是让自己不断朝正确的方向前进，不要给自己设限。

脑子里想着一个大致的方向常常能给你带来许多成功的机会，不能只依赖于一次机会而总想着不能失败。成功极少只由某个结果决定，获得胜利的方式有许多种，这是我们常常忘记的。我们看到别人成功了，于是想着模仿他们成功的方式，却忘记了从 A 点出发抵达 B 点的路可以有无数条，而且目的地 B 点并不是唯一的。

对库彻来说，他的方式是允许自己予人欢喜、向他们展现价值，同时予己欢喜、让自己富有价值。

对阿什莉来说，当她陪伴着纽瓦克旧城区的孩子们以及跟社区合作伙伴在一起时，她让自己感觉恰在其位，另一方面她拥抱自己的这种恰在其位，同时接纳自己的耶鲁大学和斯坦福大学精英身份。

• • •

对我来说，我最终找到了属于我的方式回归数学世界。虽然我不再想当高中数学老师，我对数学的热爱却从未消减。

我后来在高中遇到了恩师科斯特先生，他是我的化学老师。科斯特先生鼓励我考大学，读工程专业。我考上大学了，也选了工程专业。

即便等我学了工程专业，我也发现自己和别人不一样，而且受到生活的教导，意识到我自己应该去引导别人对我的看法。

其中一处不一样是我的性别。我还记得电气工程学的教授在谈论电流时说许多同学一定在小时候试过把手指伸进电源插座，然后转头对我说这可能是男孩子常做的事，因为女孩子会听家长的话不这么做。没错，我在家就是这样。

另一处不同是我的经验不足，而且不熟悉电脑。我还记得另一位教授在课堂上讲处理器，他假定每位同学都试着拆过电脑。我当时想的是，我家没有电脑，拆电脑一事就更无从说起了。那时候，富人家的小孩才会有台电脑摆在家里，我只在电脑实验室里见过电脑，而且每周只有机会用一次。

基于以上背景，你应该不会惊讶于发现我学工程专业学得很艰难。异常艰难！难到我上大学后的第一次工程专业考试（计算机科学考试）就挂科了，100 分满分，我只得了 37 分。

我很快意识到自己可能会错失奖学金，直到后来发生了两件事。

第一件事跟我父亲有关。我打电话给我父亲，跟他说我不够聪明，我要换专业。他给了我一条建议，这是我至今课后也会嘱咐我学生的话。他允许我换专业，但我需要告诉他我要换到哪个专业，还有为什么我认为自己会更喜欢那个新专业。

我想不出来要换去哪个专业。我父亲帮助我意识到了一个道理：当我们走在一条路上时，可能我们还没有花时间来修缮这条路，就考虑要从这条路撤走，换条路走。当事情变糟糕的时候，其他很多选项看起来异常诱人。但如果我们静下心来思考，去观察那些选项，我们会发现它们实际上很可能跟我们目前走的路一样坎坷，情况甚至更糟。

第二件事跟我的计算机科学教授有关。我的计算机科学教授劳拉·博顿利博士（Dr. Laura Bottomley）是一位完美的女性。我和父亲打完电话的第二天，计算机科学课后教授把我叫到了办公室，我以为她是要通知我挂科了，而且要劝我放弃学工程专业。但我进办公室之后，看到教授手上拿着我的考卷，她让我解释我在写解决方案时的思路，而且是用话语描述，她没让我用代码来解释。我照做了。接着，第二道题、第三道题……教授都让我解释了一遍。之后，她停了片刻，对我说："你完全知道自己在做什么，只是没掌握正确的计算机语法。"教授最后给我的考试打了 C。

她问我之前有没有做过编程、有没有见过任何程序，我回答说我在高中上过一堂打字课。她又问我有没有电脑，我说没有。她还问我机房开放的时间是什么时候，然后我哽咽了，解释说机房开放的时间和我勤工俭学的时间冲突了。

她点点头，然后告诉了我一件我永远不会忘记的事：她说她也差点儿挂了第一堂工程课，但编程无所谓正确或者错误的方式，世上没有万能之法。我走的方向是对的，我应该允许自己接着往那个方向前进，同时接纳自己、接纳我对世界的看法。

教授和我说，我或许不拥有其他人拥有的机会，甚至永远不可能拥有那些机会，但我有自己的财富。她说我们每个人都是一颗钻石，只是发光的方式不同罢了。

• • •

自我意识就像一颗钻石，在不同的角度散发光芒。钻石有许多个刻面。有时光线会照射其中一个刻面，有时会照射另一个刻面，有时会一次照射多个刻面，这时钻石就会大放光芒。

要孕育属于你的转机和优势，你必须了解自己这颗钻石的每个刻面、弄清楚它在那些注视着它的人面前如何才能绽放光彩，而做到这一点，无所谓正确或错误的方式。常见的情况是，即便人们具有强烈的“自我”，他们也不去运用它。别人说要“做你自己”，这条建议的局限性就是限制了我们利用好这个“自我”。我们每个人都不止一面。你或许有缺点或者不占优势之处，但你手上有“钻石”。你可以引导别人关注这颗钻石的价值，你可以予人欢喜，让自己与众不同，你也有足够的力量让自己富有价值并呈现价值。

破局思维九

掌控外部对你的评价。

10 扭转舆论

人们先用他们的眼睛听我说话。

佚名

超模克莉茜·泰根（Chrissy Teigen）曾多次登上《体育画报》的封面，但她还是要一次又一次地面对人们的批评，大家说她“太胖了”。她讲过很多故事，都是关于“胖”这个词怎样框定了人们对她的认识，其中最典型的一个例子是她去为一家大型服装公司拍摄宣传照，结果拍摄过程中当着全组几十位摄影师、导演和高管的面，她被解雇了，原因是她“太胖”。

时间一天天过去，克莉茜一次又一次被人嘲笑太胖了，于是她决定主动引导人们看待她的体重问题。她决定拥抱自己的身份，而不是任由别人定义她。

有一次，她在社交应用软件 Instagram 上发了一张裸着肚子的照片，肚子上的妊娠纹很抢眼，她配的文字是“前方宝妈肚子出没”。

还有一次，她看到好朋友金·卡戴珊在推特上发了一张照片，照片上卡戴珊全裸着，身上打满了石膏，推文写道：“我们做了我的全身塑模，把它做成了香水瓶身 @ KKWFRAGRANCE”。

克莉茜看了不甘示弱，拿自己的体重开玩笑，立马在卡戴珊的推文下面回复：“那我就要推出一款竞品香水，我要用我大大的身体塑模，就能装进你那个香水瓶两倍的香水，美女们就有更多香水用了。”

克莉茜·泰根不单单是位超模。没错，她登上过 *Vogue*、*Cosmopolitan*、*Glamour* 等时尚杂志的封面，除此之外她还是畅销美食图书作者、拥有自己的厨房产品品牌和美容产品品牌。还有，她嫁给了音乐人约翰·传奇（John Legend），和他有两个孩子。一眼就能看出她工作非常卖力，经营着自己的事业、家庭和个人形象。不过，她的推文里还是会出现“大大的身体”这样的字眼，对自己的身材毫不避讳（回复卡戴珊推文时，克莉茜怀孕六个月，这个就不说了）。

克莉茜明白有很多人讨厌她，她也知道他们背地里对她的评价。有的人说她作秀吸眼球，有的人不喜欢她把自己家的点点滴滴都放到公众视野里，还有的人就是纯粹嫌她太胖。

克莉茜没有被这些成见打败，也没有置之不理，她主动拥抱了各种各样的评价。她让这些成见为她所用，主动引导人们的看法：

将她看作一个超模，同时是一位母亲；让人们对她个人形象的认识不止于她的体重；拥抱她的所有身份，让它们在自己身上绽放光芒。没错，克莉茜是一名超模，但她的超模之路走的是独一无二的：她是约翰·传奇的妻子、是露娜和迈尔斯的妈妈、是一个拼尽全力脚踏实地生活的独立个体。

确保传递一手信息

人们的看法真的很重要，虽然随着模特行业的发展我们看到了更为积极和包容的变化，但显然人们的看法（或说“人言”）在模特界还是起着很重要的作用。虽然人们尽力建立更公平的制度和更包容的文化，但所谓的人言可畏在人们日常生活中的重要程度并没有减弱。

克莉茜·泰根需要承认，人们会一直对模特抱有成见，他们认为模特必须身材纤细。就像我也不得不承认，人们一直对我的亚洲女性身份抱有成见。例如，不久前我在教室调试上课用的演示文稿，正准备上一堂新的 MBA 课程，有个学生把我当成了帮教授调试设备的技术人员。人们很容易有这种成见，对吗？亚洲女性只能是技术人员，不会是教授。

关于成见的话题渗透在我们的互动交流当中。几天后，我和一些背景各异的朋友吃晚餐，和他们分享了被误认为技术人员的经历，没想到我们的话题很快就发展到讨论广而泛之的成见。有朋友说：

“我是黑人女性，于是人们就认为我易怒、好胜。如果我是一名黑人男性，我表现出好胜，他们就会说我有暴力倾向。人们还会认为我很擅长体育运动，擅长到我只会运动，傻傻的，其他什么都不会。”

对于种族的成见，粗暴而令人生怒：亚裔就是笨拙而温顺的；拉丁裔聒噪、脾气火爆，而且性情多变；黑人好斗、说话直，是颗具有威胁的炸弹。关于性别的成见也是如此：男人就是混乱无序的；女人跟聪明不挂钩，她们应该待在家里。

再就是文化方面的成见：美国人肥胖、懒惰、愚笨；英国人富有、势利眼；意大利人喜欢聚众闹事；俄罗斯人总在生气，喜欢喝伏特加；尼日利亚人很危险；巴哈马人整天穿着椰子胸罩躺在海滩上，他们那儿没有互联网；韩国人一直在自拍；新加坡人会把嚼口香糖的人抓去坐牢。

此外甚至有更多关于阶层的成见：上流社会的人穿着讲究、学识过人、讲究礼貌，而且善于辞令；中产阶级是职场白领，生活在郊区，痴迷于拥有自己的房子和汽车；工人阶级是蓝领，在工厂工作，少有积蓄。

别忘了还有一些被成见捆绑的群体：政治家都玩弄女性的感情，只考虑个人利益；图书馆管理员就是老态龙钟、无聊至极的；金发就意味着愚蠢；年老的人就是落伍过时的；青少年都叛逆；银行家都有性别歧视，而且贪得无厌；搞技术的人都是怪才。

我现在是不是把所有人都得罪遍了？好，很好，就是要这个效果。你看，每个人都有一些点会被成见绑架。不管你是谁，所有人都会受成见的影响。经典的社会知觉研究告诉我们，我们都在一定程度上依赖成见。[1]心理学家马哈扎安·巴纳吉（Mahzarin Banaji）和布莱恩·诺斯克（Brian Nosek）的研究展示了我们是如何观察一群人的外表、面部表情、说话语气、手势甚至身体姿势和动作，然后让这些观察所得的信息影响我们对他们的印象。[2]我们在认知能力、工作记忆以及精神付出等方面都有局限性，因此会观察人们的行为举止或者努力获取二手信息，基于这些方式形成对他人的判断和推断。

不得不承认所有人都在做上述事情，因此我们都深受其害。人们只是试图处理他们在某个时刻获得的某些数据来认识我们，因此我们都会被他人用某种方式进行分类，以至于处于不利地位。

那么，如果我们给别人"减压"，会怎样呢？如果我们减轻别人在认知上的负担，会怎样呢？如果人们不需要依赖偏见认识我们，而是我们主动引导他们来了解真实的我们，又会怎样呢？

想要达到上述目标，我们可以一边认识到人们存在这些不公的判断，一边引导他们用我们所希望的方式来看待我们。你要引导人们了解他们为什么会那么看待你（归因），而不是两手一摊傻站在一边任由别人在那儿归因。具有强烈的自我意识，以及意识到他人如何看待我们，这种方式也可以帮助我们理解别人对我们的期待，我们就能更好地与他们建立联结。但是，是用可以创造优势的方式达到这个目标，而不是陷入没有重点的自我提升、盲目地适应外部环境。这是我们可以做到也应该做到的，但我们往往并不这么做。我们惋惜于别人对我们产生了错误的认识，然后抱怨遭遇了偏见。偏见确实存在，而且承受偏见令人沮丧，但我们不应该明知前面是堵墙还一头撞上去，我们要主动做些什么。我们可以扭转局面，让局势为我所用；可以利用别人对我们的偏见，让它为我所用。

这部分实在太重要了，我想再次给大家划重点：如果你主动引导别人来认识你，你就不用忍受他们的成见并受其支配。

用主观优势抵抗客观限制

赛勒斯·哈比布（Cyrus Habib）决定竞选华盛顿州副州长时，他就知道这绝非易事。他明白自己不是传统意义上众人期待的候选人形象——个子高大、风度翩翩、富有魅力，相反，赛勒斯个子不高、举止粗犷，而且双目失明，这绝不是一个成功公众人物的形象。

他也明白赢得选举并不是他做过的最难的事，即使竞选成功，这也不会是他取得的最大成就。赛勒斯是伊朗移民，是罗德奖学金、杜鲁门奖学金和索罗斯奖学金获得者。他曾就读于哥伦比亚大学和牛津大学，并在耶鲁大学法学院获得了法学学位，担任《耶鲁法学期刊》（*Yale Law Journal*）的主编。大家要知道赛勒斯在 8 岁那年就失明了，这些成绩都是在他双目失明的情况下取得的。

赛勒斯只有 4 个月大时就被诊断出患视网膜母细胞瘤。2 岁时，他的一只眼睛就看不见了。接下来的几年，他那只健康的眼睛视力持续恶化，在他 8 岁时，医生不得已切除了他的视网膜。

第一次听赛勒斯讲他的经历时，我不得不承认我心里充满了悲伤和遗憾，心想：如果他没有失明，那么他必定有更加了不起的成就！我为自己有这种想法感到愧疚。当我和赛勒斯分享这些想法时，我感受到了他在引导他人看法这件事上惊人的能力。他和我说悲伤和同情正是他所期待的反应，这恰恰是大多数人的感受。

他接着说，他并不认为失明是个遗憾，相反，他曾有足够长的时间看清楚了、记住了这个世界的模样。赛勒斯说他反而庆幸自己失明的时候年龄还不大，所以有足够的时间适应一片漆黑的世界，并且学习如何在失明的情况下正常生活。

赛勒斯的故事让我意识到，他确实一直过着无比正常的生活，而且他还在努力地这样生活。尽管身体有缺陷，38 岁的赛勒斯比大多数同龄人的成就都大。听完他的讲述，我意识到他所面临的挑战不在于双目失明，而在于战胜偏见——凭借他对身体缺陷的自我意识以及别人对他的看法来战胜偏见。

赛勒斯上三年级时，老师告诉他下课的时候不能和其他小朋友一起在操场上玩。老师会把他留在身边，其他孩子却在攀爬架和其他游乐设施那里爬上爬下。老师说，因为他们很担心赛勒斯的安全，所以不能让他和其他小朋友一起玩。也许他们是真的担心，但这其实也是一种偏见，是一种小小的赛勒斯无法理解的偏见。赛勒斯又沮丧又生气，他一次次试着和老师解释说他没问题、可以把握好，但老师每次只回答他不行，因为太危险了。

这后来就成了常态。不仅仅是在操场上，他后来一次又一次面对的状况都是如此——在图书馆借书、上空手道课、学习弹钢琴，他还没开始尝试，人们就认定他一定做不到或者没能力做这些事情。而且这些对赛勒斯不利的情况是实实在在的，尽管人们的出发点不是厌恶或恐惧，而是遗憾和同情，是和我听了他的故事之后一样的遗憾，也是我同样怀有的内疚，因为我也对他抱有偏见：我可能因为不想让他苦恼，或者不想给他带来压力，暗暗降低了对他的期待。

赛勒斯读三年级时的许多个夜晚、许多个周末，他都和母亲在学校的操场度过。他们一起熟悉场地，弄清楚操场上的设施哪些地方有障碍物或者有比较尖锐的部分。他刚到纽约时也做了同样的事，因为他必须弄清楚纽约港务局巴士总站在哪里。后来到了牛津大学也一样，他用同样的方式熟悉了校园布局，弄清楚了他在这座城市的活动路线。他学会了如何在现实的物理空间里穿行，也学会了在这个过程中如何与他人相处。

赛勒斯决定竞选副州长后，他把这个消息告诉了自己的朋友和支持者们，这么做的时候他已经知道他们会有怎样的担忧、反对意见和怀疑。他当时就知道怎么打消那些疑虑，他对此非常熟练，因为他曾和人们一起并肩行走，他挽着同事和朋友的手，把手交给他们在前行时引导自己，但其实他也在引导着牵他手的人——通过分享自己的看法来引导他们。人们开始表达自己的疑虑并且劝他放弃时，赛勒斯已经做好准备。当人们问他："这种竞选需要你一次次登门拜访选民，要进行很多次拉票，按你的情况会不会吃不消，你能找到路吗?”赛勒斯也准备好了，他知道这些担忧都出自关心，他也明白大家是想支持他、想保证他的安全。但他们由于太过担心他会面临的限制，而忽视了他身上的优势。

赛勒斯是怎么回应的呢?他说:

> 我问他们知不知道纽约有个地方叫纽约港务局巴士总站，我告诉他们我曾找到去巴士总站的路；我跟他们解释说我是通过学习布莱叶盲文上的耶鲁大学；我说我在牛津读书的时候，曾在拥有上千年历史的宿舍和鹅卵石街道穿行。这次竞选要去不同的街区，挨家挨户敲门拜访，我肯定能找到路，这不会是最难找的路。[3]

如赛勒斯所说，他成功找到了路。他挨家挨户地拉选票，和选民们打成一片。就像他引导朋友们和导师们来了解他的雄心抱负一样，这次竞选他也利用自己对自身缺陷的意识引导选民对他的看法，并且赢得了他们的支持。

赛勒斯将他的身体缺陷和他遇到的限制条件看作自己的一部分——它们本就是他的一部分。但是，他是如何处理这些限制条件的、他过去如何克服以及未来会如何继续克服这些困难，这些才是他可以和人们谈论的属于他的优势。就是凭着这种精神，他一次次地把别人对他的偏见变成了自己的优势。

赛勒斯最终赢得了竞选，成为华盛顿州副州长。正如他对选民承诺的那样，他很快成为一个有强烈自我意识、细心的政治家。他利用这种意识来引导不同的观点，也引导不同行业的人们，这样他们就可以聚到一起商讨要事。

赛勒斯说："我抓住机会和他们一起并肩行走。""因为这让我们之间建立起一种联结，让彼此意识到我们要去的是同一个目的地。"[4]这样的心态使得赛勒斯不会去和自己的身体缺陷以及面临的不利状况对着干，相反，他会把它们变为转机。[5]

改变不是一蹴而就的

Y Combinator 是全世界极具影响力的创业加速器和种子投资公司之一，该公司联合创始人保罗·格雷厄姆（Paul Graham）曾说："如果公司的 CEO 说话外国口音很重，这真是个糟糕的现象。"[6]他继续说道，如果说话口音很重，那么沟通会很费劲。另外，"任何有常识的人都明白，你如果能说一口标准的英语会更加成功。反过来说，如果你没能摆脱自己浓重的口音，那么就证明你很笨"。

格雷厄姆的话遭到了强烈反对，于是他坚持自己的立场说：成功经营一家公司很大程度上需要你找到它的卖点，准确地向别人传达公司的使命，而说话有口音会妨碍交流。

听完他的话，我决定研究关于外国口音的成见。我发现在美国，如果人们说话带有非标准口音（例如带有俄罗斯口音、日本口音），那么他们被提拔到中层或高层管理岗位的可能性要小得多。至于出现这种情况最普遍的假设是什么呢？人们认为说话带口音的人交流能力不佳——这和格雷厄姆的假设是一致的。我决定做一个测试，在一项研究实验中，被试随机听一段语音，里面既有标准的美国口音，也有带外国口音的语音，我发现被试都能很好地理解语音所传递的信息。我要求他们回忆所听内容中的一些事实和细节，结果也完全没有区别。

深入研究之后，我和同事发现了更令人惊讶的事情。那些掌握雇员升迁大权的决策者明白，他们不能（公开地）因为性别、种族、民族等原因（我们在这里研究的是口音）歧视员工，但是以下能力的重要性是得到广泛认可的——人与人之间相互影响的能力、团队合作的能力、“突破框架思考”的能力等，碰巧带有口音的雇员在这些方面的评分更低，这就会影响到他们的升迁，因此决策者不太可能提拔其到管理岗位。[7]

如果看看有关创业者说话带口音的研究，我们会发现他们言语沟通的内容跟常人无异，却因为带口音而被认为影响力欠佳，而这恰恰是投资人最看重的创始人素质。相应地，带口音的创始人获得启动资金的可能性也相对低得多。

不过，我们的研究中最令人着迷的一点是，虽然带口音的雇员受提拔到领导岗位的可能性较小，带口音的创业者获得投资的概率也小（都是因为决策者认为他们缺乏“人与人之间相互影响的能力”），但确有方法让人们规避这些偏见。也就是说，如果你意识到别人有可能因为口音问题而对你下判断，那么你就可以重新定向人们的错误想法，为自己创造有利条件。

举例说明，埃米特在参加一场工作面试时对面试官说："我知道自己看起来做不到有效沟通，但请允许我和您分享我曾经为团队争取资源的一次经历……"最后，埃米特面试的实际评分比没有口音的求职者还要高。创业者尼恩·齐向投资人讲述她如何"从政治的角度切入了拥挤的供应商市场，从而签订了对团队有利的价格条款"，她改变了投资者对她的看法，获得了比别人更多的投资。

"处于弱势"的人常常并不以一种积极的方式承认别人对他们的认识存在错误的归因，相反，他们把这种错误归因跟自己身上的特定资格或资产联系起来。然而，许多研究发现，直接解决内隐的偏见或成见并不一定是减少差异的最佳方法。① 直接回应偏见通常会引发反击，反而让你遭受更多的偏见和歧视。[8] 心理学家亚历山大·乔普（Alexander Czopp）、马格·蒙特斯（Margo Monteith）和艾米·马克（Aimee Mark）还发现，对抗偏见不仅加剧被对抗者的敌意，发出对抗行为的人内在也会产生自我引导式的负面情绪。[9]

我们要聚焦于行为上的改变以及结构化干预，这么做不需要你具体细致地应对偏见，但能带你走得更远。简单地说，我们要向人们展示的是我们有能力引导并改变他们的想法。我们能够处理任何一种人们先入为主的联结，即成见，同时打破它、建立一个新的联结。

---

① 例如，某位候选人可能会说："别看我是女人就认为我不擅长工程。"或者有人会说："你认为我开不好车？就因为我是亚洲人吗？"在我生命中某些时刻，我可能会也可能不会理直气壮地说出这两句话。

正如查理·芒格曾说的："认识并适应周围世界的本质，不要指望它来适应你。"[10] 一旦你把握了别人会如何看待你，你就不再需要完全依靠他人对你的看法了，你可以引导他们用你希望的方式来认识你。

• • •

唐·菲茨帕特里克（Dawn Fitzpatrick）22 岁时在美国证券交易所开启了她的职业生涯，当时有些交易员打了个赌，赌她能在交易所待多久。[11] 她明白，他们这种做法其实反映的是内心的不安全感，因为他们不确定他们自己还能在交易所干多久。当他们质疑她的信心时，她明白这其实与他们的自信有关；当他们质疑她会不会做出大胆冒险的决策时，她意识到这其实源于他们不愿意冒险。因此，她在这种环境中创造了自己的竞争场，并设立了自己的标准，不再束缚自己基于男同事的准则规定或确立目标。

唐刚开始在瑞银投行部工作时，桌子底下总会放一双 Christian Louboutin 的红底鞋，但她会光着脚在办公室走来走去，这是她展现自信的方式，有别于许多人眼中自信的人应有的样子。当她的男同事质疑她做重大决策的能力、质疑她是否敢于开启一个冒险的投资项目时，她不被他们牵着鼻子走。她抽离了"睾丸激素之战"，远离男同事展示他们的主导能力、重大斩获和竞争优势的秀场。相反，她给自己创造了优势，她坚信冒险意味着谦逊，以及能够迅速止损的洞察力。

唐说："很明显在某些时候，我也宁愿成为一个身高近一米九的金发男人，可能以前还是个足球运动员。但当我想到当女人所拥有的优势时，我就打消了这种想法。"她重申道，"我现在会引导人们去认识我的优势。"[12] 她现在是华尔街富有权力的女性之一，是索罗斯基金管理公司的首席投资官，掌管着 260 亿美元的基金。

在我的研究以及同领域许多专家的研究中，我们发现，要做到成功地引导他人，你需要了解他人在两个关键维度上是如何看待你的：一是权力和地位差异，二是合作或竞争式依存关系。[13] 权力和地位差异相对容易解释，它们仅指的是在社会阶层中，在与你相比较之后，别人如何看待他们自己。这说不上是坏事或好事，这只是一种决定，是社会生活的基本要素，并且是一种自发的、有助于协调人际关系的决定。[14] 但是，你和另一个人之间或者你的公司和另一家公司之间的权力差异越大，你越需要更多地适应两者之间可能存在的合作或竞争式依存关系。

在这些情况下，你越能预测对方的目标，进而使你的目标与他们的目标保持一致，你就越能够引导他们，这种方式让你得以展示你如何使得自己富有价值以及为他人带来价值。

然而，即使在根本没有权力差异的情况下，仍然会产生合作和竞争式的动态关系。合作式依存和竞争式依存是指你评估对方是不是你希望与之合作或竞争的人[15]，这一评估决定也会影响到其动态关系。例如，假设你正在面试前来应聘的候选者，你是否希望他成为你能与之合作或从中受益的人？或是你希望他能在工作中扮演你的竞争者？如果是前者，你的偏爱是对他们有利的；如果是后者，你的偏见或许对他们不利。

这是什么意思呢？天才钢琴家金志勇说得好："当我们和谐相处但又截然不同的时候，就是魔法显现的时候。"要融为一体，但不要一模一样。

这些决定很重要，因为它们会影响你如何引导别人与你互动。唐的同事之所以悦纳她，是因为她既能抹平权力和地位上的差异（或者至少使它们显得无关紧要），又能和同事形成合作式依存关系。之前，她发现同事们既在意她的女性身份又把她看作一个在不同维度、对自信和风险有着不同定义的竞争者。为了缓解这种状况，正如大家看到的，她非常聪明地引导并改变了同事对她的看法。

• • •

后来我再准备 MBA 新课程时，要求自己一定要呈现出教授的形象，而不是被学生错当成设备调试人员。所以我主动和在校生、往届生以及同事聊天，事先做足了功课，发现了学生们对我的一些普遍看法和归因：他们认为初次见面时，我不"符合"他们对教授的理解，因为我太年轻、女性特征太明显。

因此，我重新引导、改变了他们对我的判断。我上课时说："我知道我看起来好像是来向你们兜售女童子军饼干的。"以此把他们的注意力从我的年龄和女性特质转移到我的专业资质上来[1]，迅速确定了上课的基调。

那周晚些时候，我约好了去拜访一位风险投资家，就我正在做的研究对他进行采访。那天我拜访他的心态也和 MBA 课上一样，我们约在他的办公室见面，我看到室内架子上有一个亲笔签名的篮球，上面有帕特里克·尤因（Patrick Ewing）、约翰·斯塔克斯（John Starks）、查尔斯·奥克利（Charles Oakley）以及纽约尼克斯队许多其他球员的签名。我兴奋极了，我是尼克斯队的忠实粉丝，我看过他们几乎所有的比赛，我看着那个篮球评论了几句，转头看到了一个嘲笑的表情。我很快意识到了这位风险投资家心里的假设：这样一个年轻的亚裔女性对他心爱的尼克斯队应该一无所知。

于是我停顿了一下，将这场对话重新定向。一开始，我们聊了聊我的工程专业背景（是的，我的形象很符合亚裔加工程师的定位），还谈了谈我在之前研究中跟风投公司的合作经验，很快我就迅速把谈话的基调打牢了。这点确定下来之后，我便很轻松地开始和他讨论这场采访的话题，还有随口谈到的尼克斯队的一些技术数据，和他聊这两者之间的关联。（我对他说："对，那笔交易成功了。有时候你就是需要像安东尼·梅森这样强有力的人物来巩固自己的位置，对吗？"）我的话让他开怀大笑，给他留下了深刻印象。

为了成功引导他的看法并且重新定向，我需要从成见着手，即

① 我一直很谨慎，不讲太多，以免适得其反，让学生们认为我对负面看法有着过于强烈的自我意识。可以这么说，我不想给人留下“太刻意”的印象。

他对亚裔女性有何基本认识，以及他期待亚裔女性做出什么样的行为。接着我稍微扭转一下这些成见，我得以将我们的对话重新定向。这位投资家最后提供了所有我期待从这次见面获得的信息。临走时，他还答应给我两张尼克斯队主场球赛的门票，就在麦迪逊广场花园举行，还是两个场边的座位。

你要利用别人对你持有的偏见和成见，要引导人们来了解你希望他们做出的归因。

破局思维十

把舆论变成资源，
让它为你服务。

11
巩固你的优势

使命不是你的向导，你必须找到自己的道路。

田边伊卫郎

解读别人对我们的看法有时像玩拼图：起初我们对整张拼图的画面只有模糊的概念，但随着一块块拼图拼接起来，画面逐渐变得清晰、具体。可是只要换了沟通对象，就像换了一张全新的拼图，又让解读变得捉摸不定。

这跟减肥也很类似。几年前，我决定试试用“原始人饮食法”减肥。你可能听说过这种曾经风靡一时的节食方法，甚至身体力行过。我的朋友安娜一谈到这个食谱就赞不绝口，说它改变了她的生活。她的减肥效果惊人，甚至可以说不可思议。每当听到她说“肥胖就这么消失了”之类的话，我都为她感到高兴。

安娜从来不是个意志力顽强的人，她几乎试过书里推荐的每一种节食方法，却从未坚持到底，现在她却在惊呼自己简直要因为减肥成功而开心坏了。我为她加油鼓劲，然后暗下决心：安娜能减肥成功，那么我也可以做到。

有段时间我的体重确实下降了。为了达到目标，我必须戒掉很多食物，包括但不限于糖、燕麦和其他谷物，还有加工食品。虽然花了几天才习惯这种饮食，但也没那么痛苦。对我这种奶酪狂人来说，最困难的是不吃奶制品，但我也做到了，因为原始人食谱提倡大量吃肉（甚至可以吃培根），吃油也是没问题的。

第一周节食，我感觉糟糕透了，但安娜提醒我，有这种感觉就说明第一周节食奏效了（显然，这话不假。人们将我这种感觉称为“原始人流感”，因为第一周你会感到疲倦、恶心、乏力，就像真的得了流感一样）。后来我渐渐看到了效果，体重减了几磅（虽没有安娜那么明显，但好歹有些效果）。

后来，节食变得容易些了。我开始习惯早餐只吃鸡蛋，把杏仁酱和坚果加入日常饮食，我甚至习惯了把肉丸和意面酱铺在意面南瓜上吃，而不是吃意大利面。

接着，三周、四周、五周过去了，我开始跟大家说，“原始人饮食法”对我而言不再是节食方式，而变成了一种生活方式。但在大约六周的节食后，我开始过敏——噩梦一般，我脸上，尤其是嘴巴周围，红肿且满是皮疹和水泡。

我发现，每个人的基因构成不同，因此体质也不同。不同体质的人有不同的饮食需求，有些人的饮食需要保证精氨酸和赖氨酸的平衡（富含蛋白质的食物中存在这两种氨基酸）。虽然我对坚果不过敏，但如果吃太多就会打破我体内精氨酸和赖氨酸的平衡，而且我发现自己严重缺乏赖氨酸。显然，我需要摄入大量乳制品，比如奶酪。

我从这次经历中学到了什么？不是每种节食方法都适合所有体质的人，我不能仅仅因为“原始人饮食法”里不让吃奶酪就强迫自己戒掉它。更达观些看，这世上有无数的人，他们需要的和想要的东西各不相同。要想在任何境况中都创造出转机和优势，需要我们对事物形成自己的看法、针对自己的情况随机应变。我们必须找到适合自己的道路，而非一味地追随别人。

你永远无法满足所有人

世上之人存在无限不同，的确如此。而我们也常常忘记与我们每日相处的人并非完人，他们善变，同时也可能对别人抱有多重期待。这一点尤其适用于描述那些手握权力且能代表他人做决定的人。我们往往认为人们一般都会同意我们的想法，并且在信仰和观点上存在可共同遵循的普遍规范。

事实远非如此。我们寄希望于别人身上，希望他们做出的重要决定能改变我们的生活进程，但其实这些人并不清楚自己想要的是什么，他们做决定的过程也不明不白。即使他们声称自己明白目标何在，也总是朝三暮四。

10 年来，我采访、拜会了 500 多名创业者和 350 多位投资人。我常常问创业者，他们所理解的投资人眼中创业者最重要的品质是什么？他们回答：激情。

我也问过投资人相似的问题：你们认为自己在做投资决策时最看重的创业者特质是什么？答案出奇的一致：激情。有的投资人，例如马克·苏斯特（Mark Suster），毫不犹豫地回答："我们的目标是投资有激情的创业者。就这样，没别的，就是要有激情。"他经常理直气壮地这样说。

有一些投资人的回答则显得更随意一些，一位投资人曾告诉我："我想要的是凌晨四点还兴奋得毫无睡意的人。"

另一位投资人分享了一个案例："这个女孩一谈到自己的事业就眼睛放光，她对我说的每句话都表现出浓厚的兴趣。她现在要做的就是让自己的事业步入正轨，她的创业激情大家都看在眼里了。"

还有一些投资人试着给出更富哲学意味的回答来证明自己的观点，向我解释这种激情意味着什么，以及他们为何如此看重这一品质：

做任何事情，90% 的成功都来自人们对它的激情。年纪越大，我越惊讶于许多创业者其实并不具备这种品质。剩下的 10% 关乎技能和运气，但只要足够上心，对要做的事充满激情，就意味着他们会尽最大努力。只要他们怀有激情，无论如何都不会失败。激情的作用比你想象的更强大。

我在我的研究中测试了创业者表现出的激情水平，证明了投资人的想法是对的，激情确实重要。实际上，它是决定谁能获得启动资金最重要的因素之一。我发现，创业者在进行项目演示时，投资人会观察他们表现出的激情强弱并进行打分，在这方面得分较高的创业者获得投资的可能性是低得分者的 7.4 倍。[1] 事实上，他们表现出的激情弥补了企业业绩不佳以及盈利能力、产品表现和市场规模等客观数据的不足。

难怪创业者在向投资人展示项目时都要表现得充满激情，他们也经常问我如何才能做到这一点。也有学者试图解释激情的内涵，佩斯大学的梅利莎·卡登教授（Melissa Cardon）和同样研究创业者激情的同事们将“创业激情”定义为“创业者强烈的积极情绪，这种情绪是他们参与创业活动的结果”。[2]

这种情绪可能会影响投资人的激情，从而让他们体验到自己内心情绪的变化。[3] 投资人对此也有共鸣，他们认为“某个创业者对这一件事充满热情，也会让我对它充满了激情。我能感觉到自己也像他一样兴奋不已”。

所以，要想赢得转机和优势，至少如果你想在初创企业界做到这点，其诀窍是怀有自我意识，并确切地知道如何才能以更专注、更有利于自我提升的方式展示自己的激情，对吧？嗯，其实不完全是这样。

首先，我发现，当投资人说他想要一个充满激情的创业者时，他们实际上并不知道自己具体所指的是什么。换句话说，投资人对到底什么是激情并没有一致的观点，不同的投资人对激情的定义不尽相同。有的投资人认为激情意味着创业者表现出对公司前景的热情，即他们对自己做的事情坚信不疑；有的投资人认为激情是一种决心，即使身处逆境也能帮助你渡过难关；有的投资人觉得这二者有所联系，而有的则认为这是两码事。因此，如果你是创业者，你表现出的激情可能会让一个投资人兴奋不已，却会使另一个感到索然无味。

事情并非“不同的投资人对激情的看法不同”这么简单，比如一个投资人认为激情意味着 X，而另一个认为激情意味着 Y。因为通常当我请某位投资人给激情下定义时，哪怕只是让他们随口一说，他们都无法给出定义。例如，有一次，一个投资人和我说他不会给没有激情的人投资，没过五分钟他看了一个创业项目，事实上所有客观商业数据都显示这个项目值得投资，但这位投资人拒绝了。我问他原因，他说：“嗯……这个创业者好像喝了太多咖啡。他太有激情了，我不能给他投资。”这个例子说明人们心里以为他们想要的是一个想法，但这种想法又可能随时改变，飘忽不定。

人们不仅不明白自己对别人有何期待，而且即使你认为自己特别擅长展示自己的激情或魅力，人们也不太可能注意到，这种“聚光灯效应”无处不在。[4] 人类的通病是，总是忘记我们虽然处于自己世界的中心，但并不在别人世界的中心。我们过于高估了自己对他人的影响。

我们需要训练自己重新引导聚光灯的能力，让别人愿意在除自己以外的人身上做情感投资。引导意味着有目的地帮助他人形成对我们的认识。

• • •

葡萄酒图书馆（Wine Library）和范纳媒体（VaynerMedia）的策划人加里·维纳查克（Gary Vaynerchuk）曾对我说："没有谁的意见会困扰到我，因为我对任何人都不抱期望。"我马上回应，说他这是胡说八道（这是他自己的原话，不是我说的），我让他看看他多家公司的成功在多大的程度上取决于他的公众形象，以及他如何将自我意识与人们对他的看法巧妙地关联起来。他坚持做自己，同时又与别人眼里的自己相调和。他反驳我说："不，我可以潇洒地离开范纳媒体，重新创业。我认为那完全没问题，而且我会创造出其他不可思议的东西，那会很有意思。"他的这个态度恰恰证明了我的观点。

跟我不一样，加里读高中时并不是个出色的学生，我说这话可毫不夸张。我知道他不是个成绩好的学生，因为我俩读的是同一所高中——新泽西州一所不知名的公立中学。加里没有像其他同学一样努力去攒金色的星星，而是利用业余时间做棒球卡交易的小生意。

他最初参加了当地一个购物中心的棒球卡展，需要支付100～150美元的场地费，之后他再试着通过卖棒球卡赚钱。不卖卡的时候，他就在父亲的葡萄酒和烈酒商店里帮忙，他在店里帮忙碎冰、摆货架、管理库存。

加里有一次告诉我，如果他只是做他自己，他会把人生的前二十几年都用来看体育比赛和经营棒球卡。但他很早就培养了一种强烈的自我意识，所以尽管也信誓旦旦，他还是找到了一种引导方式，让他能够将自我和外在责任调和起来，这个责任就是家人期待他加入家族企业。他说："我意识到葡萄酒和棒球卡没什么两样。做棒球卡生意的时候我们会关注《贝克特棒球卡月刊》（*Beckett Monthly*），每个月都能知道哪些卡价格在涨、哪些卡价格在跌。现在做葡萄酒生意了，我们有《葡萄酒鉴赏家》（*Wine Spectator*），这本杂志会评估不同的葡萄酒，引导零售商进行酒类商品买卖。这基本上是一回事，我总是拿来调侃。"

大学毕业后，加里全职加入了家族的葡萄酒和烈酒商店生意，开始用他从卖棒球卡时学到的一些技巧帮助父亲赚取更大的利润。他回忆道："生活不再是'嘿，这张棒球卡怎么样'，现在是'嘿，这次葡萄酒促销怎么样'或者'带上这种酒怎么样'。"他的想法源源不断，每天都会想出一二十个这样的主意。

加里最好的朋友布兰登后来也加入了这家店，他俩继续想方设法琢磨如何把这家店变成一家大型葡萄酒店，从而创造更为可观的收入。很快，他遇到了障碍，并意识到自己与业内其他人相比处于不利地位：人们认为他太年轻，经验不足，成不了葡萄酒鉴赏家；他家没有葡萄园，只有一家打折的酒品商店；人们认为他的思想完全是非传统的，而行业里的其他人则对他不尊重葡萄酒行业的神圣性感到愤慨。

加里和布兰登知道，要想成为消费者眼中有分量的葡萄酒商店，他们的首要任务就是跟上潮流。这跟他们以前抓运动员热点、紧跟潮流卖棒球卡是一样的道理。他们开始联系主要的葡萄酒产区，最先联系的是几家规模大但知名度不高的进口商，他们的商品来自澳大利亚和西班牙。时间久了，他们就在新兴产区拥有了大量顶级葡萄酒可供选择，这些酒随后就成为备受赞誉的藏酒。这些努力让他们后来有机会接触到历史更悠久的藏酒，如徽章干红葡萄酒、多明纳斯酒庄红葡萄酒、佳慕酒庄葡萄酒，这些都是只有当你认识酒庄主人或者你进了某份特别宾客名单才可能买到的好酒。

加里开始与消费者建立联系。在这个过程中他意识到，虽然葡萄酒是十分精英化的享受，但它也应该是大众化的。正如他在人们眼中是一个非传统的人，那么许多葡萄酒消费者在别人眼中也可能是同样的形象。就这样，他身上的“非传统”背景帮助他打入了非传统消费者的市场。

加里开始筹备顾客名单，公开向所有人提供优质葡萄酒，让每个人都有机会享用高端藏酒、产自西班牙和澳大利亚的葡萄酒以及其他新兴产区的葡萄酒。他开始大半夜给人们发传真。晚上 9 点离开店铺前，加里会设定好准时在凌晨 3 点发送传真，宣传他们所有的高端藏酒。这么做的好处是，大家早上到了办公室就会发现传真机上有一张葡萄酒宣传单。这就是加里的行事风格，只要按一下按钮，就可以把海量的葡萄酒信息迅速送到消费者手中。

随着业务不断发展，他们从发传真逐渐变成了发电子邮件。加里开始给他的每位顾客发感谢信，然后把亲自录好的感谢视频放在附件里发送，以表感激之情。

除了感谢视频，加里还拍摄了关于葡萄酒和品酒的短片，并将这些视频发布出去，继续努力地向大众普及葡萄酒知识。友好亲善、平易近人的加里引起了观众的共鸣，很快他便发现自己拥有了一大批观众，于是他在视频网站 YouTube 上开设了一个名为“葡萄酒图书馆电视”的视频博客，并最终将他们的烈酒和葡萄酒商店更名为“葡萄酒图书馆”，并提供在线销售和葡萄酒配送服务，年销售额超 6 000 万美元。加里现在还拥有一家专注于社交媒体的数字服务公司范纳媒体，用来帮助企业建立亲近顾客的公众形象和品牌，就像他成就了葡萄酒图书馆那样。此外，他还拥有一家提供全方位服务的运动服务公司范纳体育、一家与 K-Swiss 联手的鞋品公司，以及他自己的 YouTube 节目《我爱问加里》(*The #AskGaryVee Show*)。

认识加里的人称赞他直率、真实。他非常有自知之明，不常提起他在成功道路上遭受的偏见，尤其是比他早入行的葡萄酒行业从业者对他的偏见，他并不认为自己的成功是这些偏见造就的。在葡萄酒界，他确实是非传统玩家，因为他年纪轻轻、缺乏经验，也没什么与葡萄酒相关的背景。

他能赢得转机和优势，靠的是他堂堂正正地做自己，同时又能适应别人对他的看法，这样他就可以结合自己的优势以及他在外部环境中捕捉到的机会与消费者建立联系和沟通。随和亲切、平易近人是他的优势，他凭借这些与消费者和供应商建立联系。他用自己独特的方式引导葡萄酒消费者，这是别人模仿不来的。他对葡萄酒的理解简单直接、观点独到，首先借此做到了予人欢喜，其次为消费者带来了一种全新的葡萄酒体验，最终做到了富有价值。

在舒适区里让自己更加舒适

加里的故事听起来并不曲折，但他并未适应这个行业，因为他不是葡萄酒界的精英。如果我们遇到和加里类似的情况——感觉自己在某种环境中格格不入或不能胜任，我们往往会假装自己能行，直到我们真正成功。

记住：每个人各有所长。别人对我们的看法各异，他们借此做出归因，但争着证明谁拥有更多特权并不太可能实现长久的成功。如果我们着眼大局、思想长远，便会发现装腔作势、装模作样创造的价值只在眼下，它不会持久。最终经久不衰的是一种无法避免会让人们心生忘却的信念，或是人们心中持续存在的不确定和自我怀疑之感。相较于你遇到的能加以引导的“精英成见”，你自身“害怕背负成见”这一恐惧更是无处不在，你会因此设想种种不利情况，例如人们对你的价值认可达不到你的期待，这反过来会导致你产生更强烈的自我怀疑。

这正是我多年前在工程专业的课堂上经历过的事，我们电气工程专业只有四名女生，我们并不具有这个专业要求表现出的男性气质，但我们当时都尽力“装作”和其他男同学一样。

有学者在几个群体身上观察到了这种“装腔作势”——研究数学的女性以及职场中的女性和少数族裔。学者发现，这种做法确实能给他们带来暂时的喘息，但长远来看，这种做法将导致人们对其工作表现产生负面看法。[5]

所以，我也是很偶然地发现了我对“精英成见”的应对之道。（我的一个好朋友把这描述为展现一个“平庸的白人男性”拥有的自信。）换句话说，我找到了适合我的解决方案：当我处于由所谓“精英”主导的文化、规范和环境中时，我明白了应该怎样和他们展开对话；此处的“精英”也可以替换成其他任何一类人（近来我最喜欢的一个说法是“像奥普拉一样做事”，也就是说，你认为奥普拉会怎么引导别人，你就那么去做），这是一类我显然并不在其中的群体。这对我来说很适用，我庆幸在自己职业生涯早期就明白了这一点。

装成别人的样子（不管是白人男性还是奥普拉）引导别人形成对我的看法更可能给我带来麻烦，意识到这点之后，我就不再这么做了。我发现，当我表现得像个男人，或者按照我刻板印象中男人的模样做事的时候，我会受到一股反作用力。人们会因此觉得我好斗，对此我还无法辩驳。有一次换工作的时候，我信赖的导师告诉我，在我的这个新职位上，擅长交际、同身居要职的人建立联系至关重要。他建议我联系他们，要有自信，邀请他们喝咖啡。我听了他的建议，确实联系上了一些人，并邀请他们喝咖啡会面。

这么做过几次之后，我发现这让我感觉浮于表面——那种感觉就好像你见了真人但对这些人并谈不上了解。他们会给我提一些较为浅层的建议，而我似乎在一次又一次地重复同样的谈话：他们很高兴见到我、这家公司为那些努力奋斗的人提供很好的机会、我应该去结识更多的人……我感觉我和这些人并没建立起任何有意义的联结。

同时，我身边有另一种声音不绝于耳。我总听到同事说哪个副总裁“带我去了一家很高级的日料店，把我介绍给了他们的技术团队”，或者哪个总监“邀请我和他一起参加销售颁奖典礼”，甚至是听人抱怨“累死我了，我昨晚和某公司的头儿喝酒喝到凌晨 3 点”。

我显然不擅长这种交际。这时，我又收到了类似的建议：“你需要这么做，邀请别人出来吃午餐，请他们喝酒，而不是老套地喝咖啡开开会。”但我记得我当时心底深处的想法，“我吗？一个年轻的亚裔女性？邀请我的男上司去喝酒？”这是绝对不可能的事。我凭直觉就知道自己做不来这种事。

不过几周之后我发现，我其实也有能力和自己公司的高层领导建立联系，而且是实实在在的，实在到甚至超出我的想象。我当时要搭早班飞机参加一场行业会议，并在会上做演示分享。下了飞机我才发现，我所属部门的高级副总裁也在同一架飞机上。

我过去和他打招呼，问他是不是来参加同一场会。结果我们要去同一场会，他问我："你一会儿怎么去会议中心？"我跟他说我会乘出租车走，他说："噢，我有司机来接我。"

然后他问我："你要不要跟我搭一辆车走？"

45 分钟车程，我们一路聊天，他因此而了解我，这个场合让我感到自信又自在。我俩聊天的场景不是在餐厅或者酒吧，这让我感到我需要让他和我一起度过的时间富有价值，我需要让他对我留下深刻印象，或者我希望自己表现得有意思、有想法，而没有心里想着要请他喝酒的负担。我也会要求自己聊天的时候有个规划或"议程"（这一点他能看得很明白）。看，在这个场合我可以放心地做我自己！

我们不用赶时间，他也不需要急着赶去另一场会。我们在同一个空间待了 45 分钟，彼此都享受着这段时间。我们的谈话推进得很自然，就像两个没有其他安排的人互相攀谈、了解一样。我自然而然地想到一些问题，于是问他的建议；我表现出了机智，让我的幽默自然而然地流露。他也认为我聪明、有想法，这样他就对我的性格有所了解。

会议期间，尽管领导忙着在不同的会议之间穿梭，他还是赶上了我演示分享的最后 10 分钟，结束后走过来和我说我表现得很精彩，他说我是个天生的讲者。几周后，他邀请我给他的内部团队进行演示分享。这位领导至今也是我最为信任的人生导师。

每当你思考要怎么引导别人形成对你的看法时，我希望你能联想到的是像我和加里这样的故事。加里没有假装成一个傲慢、不可一世的酒业精英，我也没有装模作样跟高层领导称兄道弟喝清酒炸弹。我们不要故意改变成别人可能喜欢的样子，因为我们不知道怎么做，也不确定别人想要的到底是什么，更别说这些问题他们自己也说不明白了。我们要做的是抓住机会向别人展示真实的自己，堂堂正正、自信满满。

引导别人的看法不必是艰巨或痛苦的任务，你也不需要在自己的舒适区之外做这件事。它可以是你周遭环境自然而然带来的“副产品”以及有机的延伸。在引导别人形成对你的看法这件事上，你要让一切服务于你、为你所用。

破局思维十一

让别人意识到你的处境，
你创造的结果才有价值。

12
规划自己的发展轨迹

你有权力这么说："故事不会就这么结束"。

辛迪·埃克特

人们会评价的不单单是你这个人，他们还会评判你所选择的道路——你走过的路以及人们认为你未来的走向。

学术界人士走的道路常遵循的是师徒模式。[1] 师父麾下带着徒弟，教给他们技术和本领，然后徒弟学成出师，进入学术的世界，走向充满经济机遇的世界。

我与拉菲教授和麦克教授的晚餐进行得很顺利，有幸得到了第一份学术工作，想必大家还记得这个故事。但关于我最初是怎么得到那次晚餐邀约的，这个故事我并没有和大家讲过。

在接到意向学校的邀约之前，通常会有4～6个月的准备时间，在此期间你需要证明自己足够训练有素。我研究的领域是组织行为学。在攻读博士的最后一年，你就要为“进入市场”做准备了，可以进到博士后科研工作站或流动站工作，也可以在大学找到一个学术职位。

在这个过程中有许多战略性的准备工作要做。此前好几个月，博士们就要开始整理自己的材料档案，这份档案最后要送交到你有意向申请工作的大学。这份档案包含个人简历、多份写作范例、研究意义陈述、能表明你教学思路的授课陈述，以及几封推荐信。

在正式申请工作、递交材料之前，博士们还要参加学术领域会议，也就是我们学校的管理学院年会，每年都有上万人出席。在这个会议上，学生们参与各类社交活动，初步了解他们有意向的工作单位，尽可能多地和其他人沟通交流。谁是跃跃欲试的“市场新兵”，一眼就能看出来，他们往往西装革履，穿得很正式，其他人穿得就比较随意。

我找工作那年，我亲爱的导师（也就是我这个名不见经传的小学徒的大师父）给我提了一个特别的建议：“你要做个舞会皇后。”

我当时愣愣地看着她，心想：“等一下，这就是您给我的建议吗？”我和导师相处了四年，每次开会她对我的研究提出的建议都能堆成山，比如我应该做哪些改进、要着手研究哪些内容、应该思考什么问题、应该如何分析研究数据。我交给导师的每份手稿退回来的时候，每页都布满了圈圈点点，有好几页长的评语和红笔标记，字里行间和页面空白处都写满了笔记、修改意见、建议以及要我思考的问题。但现在到了我博士生涯最紧要的关头——开始准备找工作的时候，她给我的建议就是“你要做个舞会皇后”？

所以，我露出了难以置信的表情，问道：“做个舞会皇后？这是什么意思？”我需要导师明示。她回答我：“因为每个人都想和舞会皇后约会。”之后她就放手让我自己闯了。

人 = 当下的能力 + 未来的潜力

说实话，我在现实生活中的角色和舞会皇后相差甚远，在社会科学界显然也跟舞会皇后的角色沾不上边。是这样的，学术界的硬通货就是发表的文章，而我一篇都没有。同志们，没文章就等于“灭亡”。博士生开始求职的时候，手上基本都有几篇已发表的文章，最少也有一篇，最好是在顶级期刊上发表的。这样的求职者颇受高等院校的青睐，他们也往往能成功找到不错的学术类工作。

除了在顶级期刊上发表作品，招聘单位有时也很看重求职者攻读博士学位的院校或机构。因为即使你还没在顶级期刊上发表文章，你的母校也能在一定程度上反映出你在顶级期刊上发表文章的潜力。不同院校和研究机构有很明显的层次划分，麻省理工学院、斯坦福大学和耶鲁大学等属于第一梯队，知名的公立研究型大学（比如密歇根大学、得克萨斯大学奥斯汀分校、北卡罗来纳大学）也有较大的影响力。

这两个加分项我都没有——既没有署名发表的文章也没有一流学府为我撑腰，我是在加州大学欧文分校念的博士，它并不在排名前五十的研究机构之列。[①]

所以，我开始思考为什么我的导师觉得我有成为舞会皇后的潜质。也许她只是像母亲一样的心态，每个母亲都认为自己的孩子是班上最漂亮的，而且应该是舞会皇后，对吧？

即便我参加了管理学院年会，开始见不同的人、和他们社交，导师的建议仍然让我很困扰。不过正是在那次会议上我见识到了"舞会皇室"，当然这只是个比喻。我遇到了许多人，他们在顶尖期刊上发表过好几篇文章，他们与一流学府的教授们觥筹交错，他们魅力四射，感染着周围的每一个人。

那一刻我意识到，自己实际上根本不可能成为舞会皇后，我还听说很多学校都在近距离接触求职的博士生，邀请他们会面（没收到邀请是没办法和这些教授会面的）。相比之下，我为了和这些学校的老师建立联系所做的努力显得那么微不足道。

那晚会议结束后，我见到了导师，她问我："那么，你当上舞会皇后了吗？"我回答说："没有，但我确实见识了舞会皇后的风采。"她被我逗笑了，接着向我解释说，你的母校不是一流研究机构没

① 话虽如此，但我有必要为母校说几句。我永远不会后悔在加州大学欧文分校攻读博士学位，并将永远心存感激。欧文分校是我人生中最好的训练场，我在这里获得的经验和学历千金不换。我在加州大学欧文分校共事过的同事们都为我着想，而我也推己及人，毫无疑问这是一个培养人才的环境。同时我认为我的导师无人能及，愿每个博士生都有机会像我一样，与这样无私、有才华且甘心奉献的导师一起工作。

关系，你已经接受了很好的学术训练，这很重要。导师认为这些条件都不会成为我的绊脚石，因为她相信我的求职结果即便不是最好的，我也可以找到一份和别人一样好的工作。她认为，我发表文章的数量不是最多的（即便一篇文章也没有发表），这没关系，因为我此前走的并不是学术道路，这也不是她认为我会选择的一条路。

我的导师希望我能引导别人形成对我的看法。虽然我身上没有人们希望在一位博士生身上看到的典型发展轨迹（努力学习、持续进步，然后发一两篇文章证明自己），事实上我也没有经历过传统的学徒之路。我走的路不是平稳向上发展的轨迹，我不是某位声名远扬的大师的子弟，我也没有被要求写出特定类型的文章然后向别人展示我的努力成果。

“但这正是你的与众不同之处，”我的导师说，“这就是你不同于其他人的地方，也是能让你成为舞会皇后的关键——因为你会观察到事物独特的光芒，以此引发每个人的兴趣、需求和关注。你走的是一条不寻常的路。你要引导别人关注你的优点。”

不要让别人去猜，向他们呈现一些数据，引导他们勾画出你希望他们看到的有关你的发展曲线。直接告诉他们你有多大的潜力，不要让他们去猜。

在我的旅途中、我所选择的路上，没人规定我应该做什么，我得到更多的是充分的支持和鼓励，这激励着我探索真正感兴趣的研究方向。别人走在他人规划好的发展路径上，我则必须自己闯，一路跌跌撞撞地摸索、研究各种现象。功夫不负有心人，通过研究，我得以回答一个之前未得到解答的问题：直觉在创业投资决策中的作用。这个研究方向很大程度上与传统经济学理论和创业金融知识背道而驰，因此大家都不敢碰。最后毕业时，我却因此给出了最具新意、最有意思的论文主题。

我的这条路并不是最闪亮、最美的，但它确有独一无二的价值。没人走过我走的这条路，自然也不曾有人经历过我的故事，以及享有我获得的研究成果。

• • •

故事的结局大家已经知道：我参加了在费城举行的一场牛排晚宴，最终顺利得到了第一份学术工作。还有一个细节我没和大家提过：当时我坐在餐桌末尾的位置，看到一位名气很大的教授在美酒佳肴间和周围的同事攀谈。多年后有一次，他在我身边经过时对我说，当时决定聘用我是因为我看上去像一件“未竟之作”。他们认为我在读文献时有崭新和独特的视角，我走的路和别人不同，而且我有巨大的潜力。这位教授的话与我导师的评价不谋而合。

我发现，成为舞会皇后着实取决于某种特别的气场。你需要把自己走过的路和前方的路都谱成地图，解释给别人听，引导别人了解你富有的价值。但我们常常做的是沿着别人走过的路走，把他们的路线图奉为成功宝典，甚至改变自己的经历让它符合所谓的标准轨迹。然而，如果我曾经试着让自己改变方向，走那些“经验证确定可行”的学术道路，这将是一个巨大的错误。

• • •

一个人走的路与什么有关呢？你所走的路为何如此重要？首先，清楚地向别人讲述你所走的路能够引导其形成关于你的更全面、更富意义的路径。有人把走过的路称为个人故事，绝不仅如此。故事里有奇闻、道理和浅显易懂的经验，就像是你在《伊索寓言》里读到的故事那样。

相比之下，你所走的路描绘的画面更为丰富，能充分地解释你所处的位置和你之前走过的路，即你是谁以及别人可以对你有何期待。重要的是，这条轨迹给了你话语权，让你可以决定哪些有意义的信息是需要他人了解的。

你需要整合关于你看得到的和看不到的事实信息，你需要把控它，而不是让别人定义它。这一点十分重要。总有人想要用他们的方式来描述你，也总有人想要基于他们所观察到的信号、提示甚至偏见来告诉你他们认为你是什么样的人。当你主导了你走过的路，就相当于掌握了方向盘，是由你来建立人们认识你的顺序，而不是听由他们决定。你将他们引导到自己指定的方向上，而不是交由其他人构建对你的看法，否则你之后可能需要花很大的力气改变他们的想法，并向他们证明自己和他们认为的不一样。

我在博士毕业求职时就是用这种思路与用人单位沟通的。我没给他们机会因为我没发表过文章而淘汰我，而是握住了方向盘，引导他们关注我走过的路，因为我的经历让我创造了崭新的、前所未有的研究成果。通过这种方式，招聘委员会的成员们得以摆脱之前他们观察到的信号和提示，他们克服了内心的不确定感和规避风险的想法，从而发掘了一个虽非出身名校但足够资格的求职者，来尝试理解为什么我是一块需要雕琢的璞玉。

通过这种方式，你清晰又恰当地描述了自己选择的路，这有助于别人了解你的价值，以及你如何呈现自己的价值。关于你选择的路，你希望人们了解些什么呢？了解你曾去往何处，又将去向何方吗？你的道路和经历里，有什么信息可以帮助人们认识你的潜力和你的价值？

你可以立马帮助人们了解你是谁，以及你的身份和经历会带来怎样的潜在价值。你不需要大费周章地解释你是怎么从 X 点到达 Y 点的，因为你讲的故事能帮助人们把这些信息自然而然地串联起来。你所走的道路自身就有其逻辑和道理，人们听完后可以自己思考，这种方式不但更有冲击力，而且让人印象更深刻。

最后，一个恰到好处的发展轨迹会让人产生兴趣，让人投入其中。你引导人们了解到你的潜力，还能让人们预测你未来的发展路径。如果你能将你所走的道路很好地说给别人听，他们就能把它和你当下所讲的话联系起来，沟通的语境就更丰富了。切记不要弄错，你的描述和你走的路都是你自己独有的，所以在别人看来它们是新颖而特别的。通过描绘你的经历和你现在所处的位置，你可以让人们把你的描述与他们感兴趣的内容联系起来。

你能支配的只有自己

那么，你如何把握和识别自己的道路——那些可以给你带来转机和优势的道路？这需要你认可到目前为止自己所走的路，以及未来打算走的路。世上有许多不同的路，我们已经讨论过平稳向上的路径，或者我们很快将读到一些艰辛遥远的路或存在第二次选择的道路，但这也只是一些举例。[2] 你走的路可能和这些道路有所不同，甚至走的是完全不一样的轨迹。社会学家丹尼尔·贝托克斯（Daniel Bertaux）和马丁·科利（Martin Kohli）研究的是生活故事和自传叙事的运用，他们发现其实并不存在一套完整的原型描述某个人所走的路，但他们发现了两个重要趋势：第一个趋势的重点是意义和模式，第二个趋势的重点是在社会环境中到底是什么塑造了这些模式。换而言之，重点就是逻辑和更宏大的范式。

你描述的道路要能提供真正重要的信息细节，如果你不清楚每个细节是如何让整个故事富有意义，那么你就没有真正地理解它，因此你也无法有效地向他人讲述这些信息。但是描述你所走的路并不仅仅关于讲故事和表现得可爱。为了突出你走的道路，你必须理解并且学会欣赏潜在的不利条件、挑战、面临的阻碍以及你现在所走的道路。

我朋友比阿特丽斯（Beatriz）走过了很长的一条路，她从不起眼的书店店员做起，后来加入了路易威登公司，她的发展之路看上去似乎毫不费力。在我们 MBA 项目开始的第一天，我就被比阿特丽斯吸引了，她是那么泰然自若，穿着打扮具有明显的个人风格，专业、干练、时髦漂亮又平易近人。几个月之后，我才了解到她成长在西班牙一个偏僻的小镇，她的童年是在帮家人干农活中度过的。直到离开家乡的那天，她的活动范围都从未超出小镇周围 65 千米的范围，更不要说出国了。

比阿特丽斯离开西班牙的时候，按他们那个小镇的标准看，她已经取得了很多成绩，她接受了一些基本的图书管理培训，甚至在附近城镇一家规模很大的公司当前台。突然有一天，比阿特丽斯决定动身去德国，她一直梦想着去德国看看。对她和她的朋友而言，如果待在家乡，日子就是这样了，但去德国他们能见识更广阔的世界。他们相信德国能带给他们的比西班牙的任何东西都好。

所以她努力存钱，抓住机会来到了慕尼黑。她开始跑求职面试，去面试一切她能申请的工作岗位——而且是用德语。可想而知，最初的那些面试简直是灾难（她自己回忆说挺有趣的），因为她完全不会说德语，并且即使面试官说西班牙语，他们的交谈也很难进行下去。但是她经历了，并且勇敢地承认了自己在语言上的不足。她发现，每当她在面试中谈到自己来自西班牙，还有她正在学习德语且在慢慢进步时，面试官们就会打开话匣子，并且看起来他们也乐在其中。比阿特丽斯回忆说："我慢慢开始注意到面试官的一些问题其实是重复的，我会仔细听他们谈论他们公司的情况，而且很多时候他们是自问自答。”

比阿特丽斯专注地听，然后她记住了一些特别的句子，但可能并不知道这些句子都是什么意思。等到下一次面试的时候，比阿特丽斯发现自己几乎出于本能地能够重复之前面试中记住的表达，让谈话勉强能进行下去。她告诉我：“很多时候，我不知道自己说的是什么，我只是把那些我之前听过的词和句子连起来，它们听上去是积极的话。”

比阿特丽斯惊讶地发现，人们觉得她很有意思，因为她敢于把自己的理解融入那些自己不太了解的事物，人们夸她敢于冒险。她回忆说：“他们说我很出色。有人甚至告诉我，他们认为我会取得很大的成就。”

比阿特丽斯认识到人们喜欢她。更明显的是，他们喜欢她走过的这条艰辛遥远的路。人们让她介绍自己时，比阿特丽斯会引导人们一路跟随着她走过的路：她来自一个西班牙小镇，但她很有胆量、有毅力和进取心，不仅在学习一门新语言时如此，她在展现自身的镇定和老练时也是如此。

有一天，比阿特丽斯得到了一家公司的面试机会，她以前从未听说过这家公司——高盛集团，这家公司的私人财富管理部门需要一名前台工作人员。比阿特丽斯走进这家公司的那一刻，她就明白他们想要的是一名专业、熟练、亲和又时尚的前台工作人员。比阿特丽斯向他们讲述了自己的经历，将那些听上去不错的德语语句串在一起和面试官沟通，虽然这时她的德语说得还是不太流利。面试官很欣赏比阿特丽斯，因为她虽然没有熟练掌握德语，却能随机应变，说话富有魅力。实际上，公司认为这是她非常有价值的能力，尤其对高盛来说，他们很多客户的母语并不是德语。最后，比阿特丽斯得到了这份工作。

比阿特丽斯的前台工作做得非常出色。一年内，公司提拔比阿特丽斯为分析师，这是公司第一次将一名前台工作人员提拔到一线岗位。比阿特丽斯的经理做出这一决定是因为她表现优异。她一次又一次地展现自己的胆量、毅力、镇定和老练，并时不时提到她自己所走的道路。不久后，比阿特丽斯被提升为私人财富管理部的销售助理，公司还给她机会打理在法兰克福、纽约、迈阿密和瑞士的业务。

比阿特丽斯后来离开了高盛集团，选择攻读工商管理硕士继续深造，我就是在这期间认识她的。当时她想转行去奢侈品行业，这很难，虽然比阿特丽斯符合奢侈品行业对从业者的要求，而且之前的人生道路上她一直在努力培养自己的这些能力。临近毕业的时候，比阿特丽斯还没有找到工作。其他没有找到工作的同学都非常焦虑，她却提醒自己，眼下的经历仅仅是一种希望的预兆，这种预兆过去在她的人生轨迹中也出现过。之前是不会说德语，这次是不会“说奢侈品这门语言”。

三个月后，比阿特丽斯得到了酩悦·轩尼诗-路易·威登集团伸来的橄榄枝，作为经理主管巴黎香榭丽舍大道店女士皮具的销售。

比阿特丽斯起初是在销售部门管理销售助理，之后被提升为路易威登公司在摩纳哥的负责人，负责品牌在该国的门店效益、利润目标、当地市场营销、门店运营、人力资源管理和团队管理等工作。这并不让人感到惊讶。之后，比阿特丽斯又开始负责路易威登在米兰的业务，管理私人客户关系和客户活动。

• • •

比阿特丽斯走过的路展现了关于她的重要信息：胆子大、敢冒险、精明老练，凡事都能保持淡定。没错，她的起点确实很低，她有时可能觉得自己与别人相比要付出双倍的努力。可是她曾多次告诉我，所有这些都无关紧要，因为人们甚至不会在乎（或注意到）她付出的努力。最初，人们认为比阿特丽斯与其他人别无两样——好像大家都站在同一起跑线上，所以当比阿特丽斯讲述自己的人生轨迹时，听者改变了他们原有的看法。人们着迷于比阿特丽斯的人生轨迹，发现她的起点很普通，但她凭借为数不多的资源一路走到了今天（尽管途中遇到了许多阻碍）。人们还发现比阿特丽斯之所以能够显得精明（这恰恰是人们欣赏和看重的特质），确切地说就是因为她的人生轨迹。

对其他人来说，他们所走的道路不像比阿特丽斯这样，并不是从低起点出发，然后一路跋涉取得了成功。有时候这个世界很残酷，像戴夫·达尔（Dave Dahl）这样的人，他的人生轨迹基于其人生获得的第二次机会。他的故事会告诉你，人生第二次机会让他获得了转机和优势。[3]

戴夫因吸毒、抢劫和行凶等罪名入狱 15 年。出狱后，他发现自己被贴上了有前科者和失败者的标签，但是戴夫自己的认识并不总是与这些标签联系在一起。他回忆了自己的童年，发现自己有做面包的天赋。他决定把这种天赋变成对自己的救赎：他会做既营养又天然的面包，面包里面还放了各种籽、坚果和谷物①，先这么做着，然后再让自己站稳脚跟。唯一的问题是人们看到他扎马尾辫、声音沙哑，还观察了他的举止……意识到人们对他的反应后，他明白开一家面包店不会是一条轻松的道路。比阿特丽斯那样的人生轨迹帮不到他，但是他可以做其他尝试：承认自己的失败，展现自己走过的人生道路。于是，戴夫开了自己的店，起名为“杀手面包店”，其实就是在告诉大家他的店映射着他自己的人生轨迹。

在戴夫的杀手面包店里，我们见证了“第二次谋生机会”产生的强大影响力：戴夫会雇用有前科的人，雇用这些对生活抱有美好期待、希望改变生活的人。这不仅给了他们第二次谋生的机会，还给了他们第二次创造美好生活的机会。

如果一直找不到工作，那些前科犯就会重复他们唯一熟悉的生活方式——犯罪。而我们想改变这种状况。

---

① 要不是因为有面包……这会完美满足“原始人饮食法”的要求。

戴夫会让投资人、零售商、顾客都了解到为什么他所走的道路带给了他人生的第二次机会。将第二次机会转变成你的优势，然后大胆去做吧。记住，有75%的超高成就者都来自困难家庭，他们都是在第二次机会中大获成功的。[4]

你可以用它来引导他人的看法。你需要不带悲情地讲述自己的失败经历和你所走的道路："这就是一段令人难以置信的旅程而已。""我从中学到了很多。"把每一次失败都当作暂时的困境，或把它看作一条通往成功的必经之路。

• • •

人生道路有很多种，描述你所走的人生路也有很多种方式。我们在这里只是讨论了一部分，不可能穷尽所有道路和所有方式。没有一条道路比另一条道路"更好"，因为你的人生优势和转机来自你自己的认识——你要意识到人们基于你走过的人生路以及未来的道路对你形成了什么看法。你的优势同时也来自你如何管理并引导这些看法。

你以令人信服的方式向人们解释自己，引导他人理解并受你的影响。人们总是根据你走过的路来猜测你未来的潜力。其实到最后既不存在正确的道路，也没有所谓错误的道路。你唯一会犯的错误就是脑子里根本没有任何自己走的道路或走过的轨迹。如果你没有主动记述自己，别人就会替你这么去做。你会看到对方无论如何描述你都取决于对方的偏见、看法和归因。不要被动地让别人来记述你，你要记述你自己并引导别人形成对你的看法。你要确保对自己所走的道路有一个基本的了解，记述自己的故事，同时不要回避接受过往的一切经历，即便是你曾面对的劣势、挑战和障碍。你的过去不是你应该悲叹的历史，它应该是帮助你获得独特优势的又一宝贵财富。要让你的过去帮助你变得更好，而不是更糟。

破局思维十二

重要的不是你去过哪儿，
而是要去哪儿。
引导人们投资你的未来。

第四部分

“分配”努力

13 在破局时刻获得成长的力量

一个决定往往能彻底改变你的人生。

佚名

我在费城上班的时候，出门基本都是步行，所以我能把走着去目的地的时间精确到每分钟。比如，我从办公室走到超市需要12分钟，走到最近的咖啡店需要3分钟，走到13街火车站则需要18分钟。

一天，有位演讲者来我们学校参观。临走时，他问我们如果不打车而是走路，走去火车站需要多久。保险起见，我们告诉他最好留30分钟的时间。

“如果我走得比较快呢？”他又问。

我和另外两位同事几乎同时给出了自己的答案。一位同事说“需要 20 分钟”，另一位同事说“23 分钟”，而我则说“18 分钟”。

提问者差点儿被我们三个人弄晕，他即刻出发了。我和同事就每个人所选的路线、走的捷径以及哪条路的人行道的绿灯时间更长争了起来，他们都不相信我能在 18 分钟内走到火车站。

一番争论之后，我们发现了为什么我只要 18 分钟就能走到火车站。首先，我之所以说我能在 18 分钟内走到火车站是基于我选择的路线和具体使用的方法。没错，在这里使用“方法”这个词听起来有点儿搞笑，但确实是讲究方法的。

我第一次从办公室走到火车站是我刚来费城时，那时的我初到大城市生活，我发现出行时经常要去 13 街火车站坐始发的通勤列车。当时我既不熟悉周围的环境，也没算好时间，常常因为自己只留了 20 分钟赶路而错过班车。

于是我开始找捷径——选择走对角线能省下不少时间，绕着德雷塞尔大学走也能节约不少时间，因为我不用花精力躲避在校园内狂奔的学生。

最能节省时间的要数观察红绿灯了，这是我能把走路去火车站的时间压缩到 18 分钟的关键，甚至有一天我只用了 16 分钟就走到了火车站！就算和同事们用相同的速度走同一条路线，我也能依靠观察红绿灯提高我的通勤效率。

我会抬头观察人行道红绿灯的状态。如果此时是红灯，那我就会放慢步伐来节省体力；如果此时绿灯还有 10 秒，我就会加快脚步，以保证自己能顺利通过人行道。

在与同事们分享“秘诀”的同时，我也明白了正是我采取的方法让我的努力有了回报。

好钢要用在刀刃上：你得知道在哪儿选择走对角线而不走平行线，在哪儿选择绕着走而不是直接穿过去（即使一开始觉得直接穿过去会更快），以及何时放慢脚步保存体力，何时加快步伐全力冲刺。

在本书中，我的确说过努力很重要，我仍然坚持这个观点。但我也暗示了努力本身并不会带来回报，除了努力，我们还需要其他东西。

我从没说过让人努力奋斗是不好的，但显然有时候努力并没有什么作用，特别是如果你认为努力就能解决一切问题，能帮你找到工作或者得到嘉奖。我常听到有人建议别人要努力，还说正是努力才让他们有了今天的成就。他们告诉你：“继续努力，继续追逐你的梦想，会有回报的。”

可我们都知道决定成功的因素很多：有运气，有体制特权，还有自身的优势。充实自我，保持乐观，找对方向并不懈努力，这才是你创造转机和优势的重要因素。

尽管现实中存在种种特权、困难和偏见，并且你可能也会遇到这些问题，但我仍希望本书能帮助你为赢得转机和优势找到正确的方法，让你的努力得到更多的回报。

若你能证明自己富有价值并为他人创造价值，若你能通过予人欢喜推开更多的门，若你能引导别人形成对你的看法，那么就说明你的努力在更努力地为你服务。有时看上去你似乎处于不利的位置，而这往往都是根据传统认知和基于性别、种族、民族、年龄、财富和地位等因素得出的看法，就算别人摆明了更有优势或特权，你依然可以改变这一切，让自己有所收获。

你的努力应该让你巩固自身的优势，也就是说你应该在能让自己富有价值、予人欢喜和善于引导的事情上下功夫。你还得学会不因困难、自身缺陷以及身处不利境地而感到痛苦与愤怒，许多人就是迈不过这道坎儿。在身处劣势、被人看扁以及饱受偏见的情况下努力克服困难，这样的故事我们听过不少。纵然面临重重困难，仍然能克服并创造转机和优势，这些故事就是最好的例证。我在书里也讲到了一些亲身经历，告诉大家我是如何战胜逆境并建立起自己的转机和优势。我明白要赢得转机不是一劳永逸的事。无论是谁，都需要不断回顾自己经历过的种种困难与挑战，因为正是它们让我们学会了创造自己的转机和优势，学会了让自己富有价值、予人欢喜、善于引导以及不懈努力。

• • •

我和别人说工程师是我的第一份工作，然而事实并不完全是这样。确实有很多人以为我的第一份工作是工程师，但那只是因为我很少和别人谈起到底哪份工作才算是我认定的第一份工作。

那是差不多20年前，我刚拿到了工程专业硕士学位，心想着自己应该找份和工程相关的工作，毕竟自己寒窗苦读这么些年一直学的这个领域。在攻读工程硕士的时候，我打过好几份工：在IBM建服务器，每周上20小时的班，还在大学的住宿办公室和图书馆打过工。可当我真的要毕业时，我竟然在面对IBM提供的工作机会时犹豫了，要知道那份工作的薪水可比我想象的多得多。

正如你们所知，我一直对数学有着浓厚的兴趣。可以想象，当我告诉我母亲（那会儿她还是一位需要抚养两个孩子的单亲妈妈）我想去教数学的时候，她是多么不愿意。她说："你读的是工程学，不是教育学。"的确，在那之前一次和教书相关的活儿我也没干过，没当过实习教师，甚至连辅导员都没当过。我母亲说我根本就没有任何资历，她说得一点儿没错。

我开始给东海岸的每个学区发邮件，问他们是否需要请数学老师。我母亲为了证明自己的内心足够强大，不需要我来养活她，还是支持了我的决定。我收到了一个好消息，一所位于马里兰州的公立高中刚好有一位老师辞职了，他们正好缺人，就问我愿不愿意去教"相关数学"。后来我明白了，"相关数学"说白了就是给人"补习数学"。这是一门专门为因缺乏基本数学知识而被认定为处于危险区的九年级和十年级学生设置的课程。他们问我能在两天内到岗吗，我说没问题。两天后我便开始在那所高中教书了。理论上，这所学校所在的大学区都是富人区，但这所学校里的学生大多家境贫困。它所处的招生区域非常特别，移民的比例很高，因为这个学区的教育质量还不错，这些移民特意搬过来住，以便自己的孩子能接受更优质的教育。可他们很穷，所以只住得起这个富人学区中的穷人区。在我的课堂上，学生们来自许多国家：巴拿马、加蓬、柬埔寨、越南、泰国、阿根廷、利比里亚、菲律宾、尼加拉瓜、尼日利亚……他们的家庭大多因政治避难而来到美国，好多学生也是政府免费午餐或优惠午餐项目的受益者。

这段经历并没有什么特别的，我既不是《危险游戏》（*Dangerous Minds*）里米歇尔·菲佛（Michelle Pfeiffer）扮演的教员，也不是《自由作家》（*Freedom Writers*）里希拉里·斯万克（Hilary Swank）饰演的老师，更不是《死亡诗社》（*Dead Poets Society*）里罗宾·威廉姆斯（Robin Williams）演绎的教师，但这段经历确实是我开始写这本书的真正源头。给这些孩子上课让我迫切地想要弄清楚，为什么有些人会拥有转机和优势，以及如果我们没有这些优势该如何补救。我将自己的一部分全身心地投入对这些孩子的教育（每当我意识到这件事，都会潸然泪下；每当想起那些孩子，我的眼泪就不住地往下流），所以那时我最想做的事情就是帮这些孩子找到他们的转机和优势。

然而，我还是抛弃了他们。这才是事实的真相，一个丑陋的真相。在那所高中教了 4 个月的数学后，我辞职了。

不久后我曾经的一位学生给我送来了这份留言：

您好，黄老师刚刚给我们读了你的信，我们很感动，也很难过。我再也不会有一位像您这样的好老师了！拜拜！

我的数学以前经常考 E、D，跟着您学真的轻松又快乐。

我会想您，真希望您改变主意，不要走，因为您离开，我们太伤心了。

太难过，期末考试见的是最后一面了！

再见了老师！

祝好，爱您的，

吉米

我真的特别喜欢那些孩子，可我也真的很沮丧，因为我和他们都努力过了——说好的只要我们都努力就会有回报，结果却事与愿违。我真的疲倦了，甚至都不知道如何让自己摆脱这种沮丧感。

我也不知道该如何帮他们克服困难，或者说根本不相信他们能做到。那时的我只是一个 22 岁的毕业生，还很不成熟。也许我真的太脆弱了，承受不住压力，想着去做一些在别人眼中更有面子的工作。每当想起自己抛弃了那些孩子，我就心如刀割。我的突然离开估计会让不少孩子比我更难过。

• • •

2019 年我在哈佛商学院教领导力课程，其中有个叫里沙布（Rishabh）的学生让我回想起了当年在那所高中教“相关数学”的日子。

里沙布并不知道我之前在那所高中的教书经历，也不知道我为此背负了多年的痛苦，因为我很少与人谈起这些。但不知为何，他向我敞开了心扉，告诉我他如何在贫穷的环境里成长，以及当年对他来说上学是一件多么不容易的事。

他告诉我，当年他们家去餐厅吃晚饭，就只点得起一人份的餐，得全家人分着吃。他也知道别人从来都不看好自己。因此，这种认为世界是不公平的想法深深地根植在他心里。这让他愤怒不已，甚至有时他都不曾意识到自己生气了。他说："这种痛苦影响了我对事物的看法。"

可他随后又说："有一天，我释怀了。我决定不再纠结于这种感觉，不再想这些痛苦的事情。然后我一下子就解脱了，我的世界也因此彻底改变。"他明白这种消极的想法极大地影响了自己的人生，特别是当他把自己的心态与父母对比时更能真切地感受到这一点，因为他的父母至今仍然无法释怀，他也不知道他们是否有一天能够释怀。他满怀伤感地说："那种消极的想法一直伴随着我的父母，影响着他们的人生。这让我好难过。"

• • •

我还是不时地会想起吉米和班上的孩子们：索姆利特（Somrit）、蒂凡尼（Tiffaney）、奎恩斯塔（Queenstar）、约瑟夫（Joseph）、弗朗西斯科（Francisco）、林肯（Lincoln）、卡洛斯（Carlos），还有好多人。

我真想知道他们如今身在何方，我的心中充满悔恨，真心祝愿他们一切都好，生活快乐。

在离开了那所高中的二十多年后，我终于明白了努力其实是一把双刃剑。我们固然需要努力，因为努力是我们获得自身优势的基础，但因努力而忘记了充实自己、保持乐观和找到正确的方向，则会让人痛苦不已。你会因为付出了巨大的努力却没有收到同等的回报而灰心丧气；你会变得盲目，眼里只有偏见和不公，最终把自己变成了一个废人。

最后我想告诉你们，要想赢得转机和优势，最重要的是别让痛苦与悔恨束缚了自己，而要从中获得力量。就算你是完美的，世界不是完美的，认识并接受这一点，你就已经在塑造属于自己的转机和优势了。我的秘诀就是要明白人生没法重来，人生也不是公平的。尽管如此，你还是要努力，还是要充实自己、保持乐观、找对方向。别让自己被成败左右，目光要放得长远一些。

人生总有缺憾，人生总有失望。人世间既有真善美，也有假恶丑。人生十之八九不如意。

嫉妒的人肯定是有的。你越出彩越成功，就会有越多的人跳出来挑你的刺；你越成功，就会有越多的人对你产生偏见，巴不得你摔跟头；你的优势越强、影响力越大，受到的批判越多，也会有越多人想要把你拉下马。

我们可以任由它们来伤害自己，也可以好好地利用它们来让自己变得更出色。

• • •

几年前，我被评为“40 岁以下最杰出的 40 位教授”之一。有人问我：“你如果不当商学院教授会做什么？”我不假思索甚至有点儿酷酷地说：“我会为贫困的孩子们办一所学校。也许有一天我真的会这么做。”

或许有一天我真的会，会回到高中的课堂，再去教像吉米、索姆利特和弗朗西斯科那样的孩子。与此同时，我在后来的学生们身上也看到了那所高中的孩子们的影子——坚强、勇敢、自信。无论是在里沙布的身上，还是在蒂威妮媞（Divinity）的身上，他们都有着这些优良的品质。蒂威妮媞曾对我说“重要的不是别人怎么说你，而是你怎么证明给他们看”，这是她祖母的名言。她的祖母是一个密西西比佃农的女儿，只有小学四年级的文化，但她是蒂威妮媞见过的人里最有智慧的。她祖母的名言也正是我们大多数人为人处世应该做到的。赛拉丽娜（Cerelina）的身上也有着这些优秀的品质。我最近刚邀请她出去吃了顿庆功宴，庆祝她通过普通教育发展考试。她打算重新回学校学习刑事司法专业。在庆功宴上，她还带上了她 2 岁的女儿，小姑娘的中间名是罗德（Rhodes）。

不懈努力能巩固你的转机和优势，最重要的是要拥有一颗强大的心，只有拥有了强大的心，我们才能远离灰心丧气。我们都会有沮丧的时候，毕竟我们做不到不在乎别人的看法。今天我们懂得了重要的不是别人怎么看我们，而是我们如何看待自己。你要懂得让自己富有价值，学会予人欢喜，相信自己就是自己最好的导师。

你要富有价值、予人欢喜、善于引导、“分配”努力。要将逆境转化为顺境，在逆境中创造你的转机和优势。

破局思维十三

享受至暗时刻带来的痛苦和成长。

获得转机的十三条破局思维

破局思维 一 努力不是成功的代名词，“被看见的努力”才是。

破局思维 二 成功不在于押上全部筹码，支撑你的是某个核心优势。

破局思维 三 人扎堆的地方不一定充满机遇，选对赛道比做好更重要。

破局思维 四 拥抱限制，才能创造机会。

破局思维 五 善用思维工具，它们是强大洞察力的来源。

破局思维 六 从脑到心，学会联结彼此的情感需求。

破局思维 七 高情商的人际沟通，叫作恰到好处。

破局思维 八 不要模仿别人，打造属于自己的社会面孔。

破局思维 九 掌控外部对你的评价。

破局思维 十 把舆论变成资源，让它为你服务。

破局思维十一 让别人意识到你的处境，你创造的结果才有价值。

破局思维十二 重要的不是你去过哪儿，而是要去哪儿。引导人们投资你的未来。

破局思维十三 享受至暗时刻带来的痛苦和成长。

致谢

这本书得以出版，我感到非常幸运。每份好运气的背后都是给我带来更多幸运的朋友们，没有你们就不可能有这本书的出版。我深深地感激所有让我与幸运结缘的朋友们，是你们让我的好运气源源不断。

感谢信任我、无私与我分享故事的朋友们。我会永远怀有感恩之心来看待你们流露出的脆弱、展现出的智慧和视角，是你们丰富了我的思考维度、目标和使命。

感谢我的版权代理人菲斯・哈姆林，是你仔细打理着一切，让这本书的出版成为可能。感谢你从一开始就相信我能做到。

感谢 Portfolio 出版团队，尤其是我的编辑梅里・孙，感谢各位克服困难、保持镇静、稳步向前。如果没有大家，我的处境就如封闭的堡垒，而我现在感觉自己在一个欢快的游乐园里。我还要感谢机敏的阿德里安・扎克海姆。感谢我们团队的其他成员：塔拉・吉尔布赖德、威尔・韦斯尔、玛戈・斯塔麦斯、杰西卡・勒基昂、丹尼尔・劳金和梅根・卡瓦纳，团队的同事金・苏丽吉和凯蒂・赫利凭借独到的眼光打理着本书的整个制作过程，感谢你们；感谢马力索·萨拉曼、玛丽·凯特·思安和妮可·杜叶为本书的出版和营销付出的努力，你们成功地把原石打磨成了闪闪发光的钻石；感谢彼得·加苏的封面设计，它完美地契合本书主题；感谢克里斯·塞尔吉奥相信我可以呈现出一些前沿的内容，并让我沉迷于本书的创作；感谢埃里克·纳尔逊带我进入了出版的新世界。

感谢为本书提供意见与反馈的朋友们，从阅读摘录到审阅封面设计，再到与我反复讨论全书的副标题，大家提供了无比珍贵的帮助。我要感谢利兹·蒋和莉比·奎因，与你们合作让我感叹自己真的很幸运，我的这种感觉比你们实际上感受到的还要强烈。感谢整个 Lavin 团队的同事们——安娜·霍马恩、凯蒂·巴伦、格雷·奥特里、加勒特·聂曼、阿兰·汉密尔顿、斯科特·巴里·考夫曼、凯蒂·米尔克曼、多利·楚、塞思·斯蒂芬斯－戴维多维兹、翠西·周、蒂芙尼·周、张伊玲、查尔斯·姚，还有肯特·斯迈特，感谢各位在整个过程中给予我的鼓励、建议和指导。

感谢我了不起的合作者和合著者们，你们每一位都帮助我学会用不同的视角看待世界，研究工作不属于我个人，它属于参与的每一个人。

感谢哈佛商学院的同事们，能够与出色又聪敏的你们一起工作对我来说是种福气，感谢大家的鼓励和支持。也要感谢沃顿商学院的前同事们，感谢你们在那段时光温暖地拥抱了我，让我的灵感源源不断地涌现。

感谢乔恩·皮尔斯、拉菲·阿米特、伊恩·麦克米伦、凯莉·克纳尔·奥布赖恩、乔治亚·拉扎纳、芬克和张弛，谢谢你们对我充满信心，让我有机会站在巨人的肩膀上。

最后，要感谢一直站在我身边的家人和朋友。特别要感谢的是：妈妈和爸爸，感谢二位给予我力量，谢谢你们的理解和牺牲；谢谢克里斯用你的才智和魅力给我启迪；感谢我的朋友安特以及所有在此期间帮助我的朋友们，是你们不停地提醒我要把最重要的事放在首位，鼓励我为值得奋斗的事业不懈向前。

参考文献

序

1. Greg Autry and Laura Huang, "Houston, We Have a Market: Privatizing Space Launches Pays Off Big," *Forbes*, October 2, 2013, https://www.forbes.com/sites/forbesleadershipforum/2013/10/02/houston-we-have-a-market-privatizing-space-launches-pays-off-big; Greg Autry and Laura Huang, "An Anal`ysis of the Competitive Advantage of the United States of America in Commercial Human Orbital Spaceflight Markets," *New Space* 2, no. 2 (2014): 83–110, https://doi.org/10.1089/space.2014.0005.
2. Elon Musk, conversation with author, SpaceX headquarters, Hawthorne, California, February 2, 2015.
3. Alison Wood Brooks, Laura Huang, Sarah Wood Kearney, and Fiona E. Murray, "Investors Prefer Entrepreneurial Ventures Pitched by Attractive Men," *Proceedings of the National Academy of Sciences* 111, no. 12 (2014): 4427–31, https://doi.org/10.1073/pnas.1321202111. See also Matthew Lee and Laura Huang, "Gender Bias, Social Impact Framing, and Evaluation of Entrepreneurial Ventures," *Organization Science* 29, no. 1 (2018): 1–16, https://doi.org/10.1287/orsc.2017.1172.
4. Laura Huang, Marcia Frideger, and Jone L. Pearce, "Political Skill: Explaining the Effects of Nonnative Accent on Managerial Hiring and Entrepreneurial Investment Decisions," *Journal of Applied Psychology* 98, no. 6 (2013): 1005–17, https://doi.org/10.1037/a0034125.
5. Brad N. Greenwood, Seth Carnahan, and Laura Huang, "Patient–Physician

Gender Concordance and Increased Mortality Among Female Heart Attack Patients," *Proceedings of the National Academy of Sciences* 115, no. 34 (2018): 8569–74, https://doi.org/10.1073/pnas.1800097115.

6. Laura Huang and Jone L. Pearce, "Managing the Unknowable: The Effectiveness of Early-Stage Investor Gut Feel in Entrepreneurial Investment Decisions," *Administrative Science Quarterly* 60, no. 4 (2015): 634–70, https://doi.org/10.1177/0001839215597270; Laura Huang and Andrew P. Knight, "Resources and Relationships in Entrepreneurship: An Exchange Theory of the Development and Effects of the Entrepreneur-Investor Relationship," *Academy of Management Review* 42, no. 1 (2015): 80–102, https://doi.org/10.5465/amr.2014.0397; Laura Huang, "The Role of Investor Gut Feel in Managing Complexity and Extreme Risk," *Academy of Management Journal* 61, no. 5 (2018): 1821–47, https://doi.org/10.5465/amj.2016.1009.

1. 胜者为王的时代

1. Tara Sullivan, "Mirai Nagasu Is a Lesson in Perseverance at Olympics," *Boston Globe*, February 18, 2018, https://www3.bostonglobe.com/sports/2018/02/18/mirai-nagasu-lesson-perseverance-olympics/YmOGUDvMaHtXAT53dmv-IZP/story.html?arc404=true; Kimberly Yam, "Mirai Nagasu Says Her Parents' Hard Work in Restaurant Inspires Her Discipline on Ice," *HuffPost* (blog), February 23, 2018, https://www.huffpost.com/entry/mirai-nagasu-credits-her-parents-hard-work-in-restaurant-for-her-own-work-ethic_n_5a8f2a99e4b0ee6416a11a17; Karen Price, "Mirai Nagasu," Team USA, https://www.teamusa.org:443/My-Focus-presented-by-milk-life/Athletes/Mirai-Nagasu.
2. Brenda Schmerl, "Inspirational Stories: How 5 Extraordinary People Beat All Odds to Graduate," *Reader's Digest*, https://www.rd.com/true-stories/inspiring/inspiring-college-graduates.
3. David Robson, "How Important Is Social Class in Britain Today?" BBC, April 7, 2016, http://www.bbc.com/future/story/20160406-how-much-does-social-

class-matter-in-britain-today; David Denby, "Stiff Upper Lips," *New Yorker*, January 20, 2013, https://www.newyorker.com/magazine/2013/01/28/stiff-upper-lips.

4. Dvora Meyers, "The Redemption of Figure Skater Mirai Nagasu," *Deadspin* (blog), January 4, 2018, https://deadspin.com/the-redemption-of-figure-skater-mirai-nagasu-1821763830.
5. Jeff Yang, "Mirai Nagasu, Ashley Wagner and the Myth of the Golden Girl," *Speakeasy* (blog), *Wall Street Journal*, January 14, 2014, https://blogs.wsj.com/speakeasy/2014/01/14/mirai-nagasu-ashley-wagner-and-the-myth-of-the-golden-girl.
6. C. Neil Macrae and Susanne Quadflieg, "Perceiving People," in *Handbook of Social Psychology*, vol. 1, 5th ed., ed. S. T. Fiske, D. T. Gilbert, and G. Lindzey (Hoboken, NJ: John Wiley & Sons, 2010), 428–63.
7. James Dennin, "Ageism and the Reluctance of Companies to Hire Older Workers," Mic, May 9, 2018, https://mic.com/articles/189141/older-workers-are-consistently-discriminated-against-in-job-hiring-heres-how-we-can-fix-that#.8wzxyh5wj.
8. Timothy A. Judge and Daniel M. Cable, "The Effect of Physical Height on Workplace Success and Income: Preliminary Test of a Theoretical Model," *Journal of Applied Psychology* 89, no. 3 (2004): 428–41, https://doi.org/10.1037/0021-9010.89.3.428; M. Dittmann, "Standing Tall Pays Off, Study Finds," *Monitor on Psychology*, July/August 2004; Andreas Schick and Richard H. Steckel, "Height, Human Capital, and Earnings: The Contributions of Cognitive and Noncognitive Ability," *Journal of Human Capital* 9, no. 1 (2015): 94–115, https://doi.org/10.1086/679675; Joe Pinsker, "The Financial Perks of Being Tall," *Atlantic*, May 18, 2015, https://www.theatlantic.com/business/archive/2015/05/the-financial-perks-of-being-tall/393518.
9. Malcolm Gladwell, "The Warren Harding Error: Why We Fall for Tall, Dark, and Handsome Men," in *Blink: The Power of Thinking Without Thinking* (New

York: Little, Brown, 2005), 72–98; Vivek Kaul, "The Necktie Syndrome: Why CEOs Tend to Be Significantly Taller Than the Average Male," *Economic Times*, September 30, 2011, https://economictimes.indiatimes.com/the-necktie-syndrome-why-ceos-tend-to-be-significantly-taller-than-the-average-male/articleshow/10178115.cms.

10. Alison Wood Brooks, Laura Huang, Sarah Wood Kearney, and Fiona E. Murray, "Investors Prefer Entrepreneurial Ventures Pitched by Attractive Men," *Proceedings of the National Academy of Sciences* 111, no. 12 (2014): 4427–31, https://doi.org/10.1073/pnas.1321202111.
11. Susanne Quadflieg, Natasha Flannigan, Gordon D. Waiter, Bruno Rossion, Gagan S. Wig, David J. Turk, and C. Neil Macrae, "Stereotype-Based Modulation of Person Perception," *NeuroImage* 57, no. 2 (2011): 549–57, https://doi.org/10.1016/j.neuroimage.2011.05.004.
12. Megan Fu, "Male Teachers Claim Wage Discrimination," *Daily Beast*, May 6, 2016, https://www.thedailybeast.com/articles/2016/05/06/male-teachers-claim-wage-discrimination; Bryan G. Nelson, "Dr. Helen Talks About Stereotypes That Male Teachers Face," Men-Teach, April 2, 2009, http://www.menteach.org/news/dr_helen_talks_about_stereotypes_that_male_teachers_face.
13. Harry J. Holzer, Steven Raphael, and Michael A. Stoll, "Perceived Criminality, Criminal Background Checks, and the Racial Hiring Practices of Employers," *Journal of Law and Economics* 49, no. 2 (2006): 451–80, https://doi.org/10.1086/501089; Lydia O'Connor, "CNN Analyst Suggests Black People Are 'Prone to Criminality,'" *HuffPost* (blog), July 11, 2016, https://www.huffpost.com/entry/harry-houck-cnn-blacks-criminality_n_5783f6fae4b01edea78f1434.
14. Helen Dennis and Kathryn Thomas, "Ageism in the Workplace," *Generations* 31, no. 1 (2007), https://www.questia.com/library/journal/1P3-1318281421/ageism-in-the-workplace.
15. Susan T. Fiske, Amy J. C. Cuddy, and Peter Glick, "Universal Dimensions of

Social Cognition: Warmth and Competence," *Trends in Cognitive Sciences* 11, no. 2 (2007): 77–83, https://doi.org/10.1016/j.tics.2006.11.005; Alice H. Eagly and Steven J. Karau, "Role Congruity Theory of Prejudice Toward Female Leaders," *Psychological Review* 109, no. 3 (2002): 573–98.

16. Nalini Ambady and Robert Rosenthal, "Thin Slices of Expressive Behavior as Predictors of Interpersonal Consequences: A Meta-Analysis," *Psychological Bulletin* 111, no. 2 (1992): 256–74, https://doi.org/10.1037/0033-2909.111.2.256; Nalini Ambady and Robert Rosenthal, "Half a Minute: Predicting Teacher Evaluations from Thin Slices of Nonverbal Behavior and Physical Attractiveness," *Journal of Personality and Social Psychology* 64, no. 3 (1993): 431–41, https://doi.org/10.1037/0022-3514.64.3.431; Nalini Ambady, Frank J. Bernieri, and Jennifer A. Richeson, "Toward a Histology of Social Behavior: Judgmental Accuracy from Thin Slices of the Behavioral Stream," in *Advances in Experimental Social Psychology*, vol. 32, ed. Mark P. Zanna (San Diego: Academic Press, 2000), 201–71, https://doi.org/10.1016/S0065-2601(00)80006-4.

17. Les Picker, "The Growing Importance of Social Skills in the Labor Market," *National Bureau of Economic Research Digest*, November 2015, https://www.nber.org/digest/nov15/w21473.html.

18. John T. Jost, Mahzarin R. Banaji, and Brian A.. Nosek, "A Decade of System Justification Theory: Accumulated Evidence of Conscious and Unconscious Bolstering of the Status Quo," *Political Psychology* 25, no. 6 (2004): 881–919, https://doi.org/10.1111/j.1467-9221.2004.00402.x.

19. Melinda D. Anderson, "Why the Myth of Meritocracy Hurts Kids of Color," *Atlantic*, July 27, 2017, https://www.theatlantic.com/education/archive/2017/07/internalizing-the-myth-of-meritocracy/535035/.

20. Megan Reitz and John Higgins, "The Problem with Saying 'My Door Is Always Open,'" *Harvard Business Review*, March 9, 2017, https://hbr.org/2017/03/the-problem-with-saying-my-door-is-always-open; John T. Jost

and Orsolya Hunyady, "Antecedents and Consequences of System-Justifying Ideologies," *Current Directions in Psychological Science* 14, no. 5 (2005): 260–5, https://doi.org/10.1111/j.0963-7214.2005.00377.x.

21. David A. Harrison, Kenneth H. Price, and Myrtle P. Bell, "Beyond Relational Demography: Time and the Effects of Surface-and Deep-Level Diversity on Work Group Cohesion," *Academy of Management Journal* 41, no. 1 (1998): 96–107, https://doi.org/10.5465/256901; David A. Harrison, Kenneth H. Price, Joanne H. Gavin, and Anna T. Florey, "Time, Teams, and Task Performance: Changing Effects of Surface-and Deep-Level Diversity on Group Functioning," *Academy of Management Journal* 45, no. 5 (2002): 1029–45, https://doi.org/10.5465/3069328.
22. Letian Zhang, "A Fair Game? Racial Bias and Repeated Interaction Between NBA Coaches and Players," *Administrative Science Quarterly* 62, no. 4 (2017): 603–25, https://doi.org/10.1177/0001839217705375.
23. Allison Scott, Freada Kapor Klein, Frieda McAlear, Alexis Martin, and Sonia Koshy, *The Leaky Tech Pipeline: A Comprehensive Framework for Understanding and Addressing the Lack of Diversity Across the Tech Ecosystem* (Oakland, CA: Kapor Center for Social Impact, 2018), https://www.kaporcenter.org/the-leaky-tech-pipeline-a-comprehensive-framework-for-understanding-and-addressing-the-lack-of-diversity-across-the-tech-ecosystem/.
24. Katy Waldman, "A Sociologist Examines the 'White Fragility' That Prevents White Americans from Confronting Racism," *New Yorker*, July 23, 2018, https://www.newyorker.com/books/page-turner/a-sociologist-examines-the-white-fragility-that-prevents-white-americans-from-confronting-racism.
25. Shai Davidai and Thomas Gilovich, "The Headwinds/Tailwinds Asymmetry: An Availability Bias in Assessments of Barriers and Blessings," *Journal of Personality and Social Psychology* 111, no. 6 (2016): 835–51, https://doi.org/10.1037/pspa0000066.
26. Mirai Nagasu (@mirai_nagasu), "Four years ago when I wasn't named to the

team, I wrote this poem," Twitter, February 25, 2018, https://twitter.com/mirai_nagasu/status/967815168334774272.

27. Scott M. Reid, "After Heartbreak, U.S. Figure Skater Mirai Nagasu Again Takes Aim at Olympic Bid," *Orange County Register*, January 2, 2018, https://www.ocregister.com/2018/01/02/after-heartbreak-u-s-figure-skater-mirai-nagasu-again-takes-aim-at-olympic-bid.

2. 基本优势理论

1. Sreeraj Thekkeyil, "Which Scientists Deserved to Win a Nobel Prize but Never Won?" Quora, May 18, 2018, https://www.quora.com/Which-scientists-deserved-to-win-a-Nobel-Prize-but-never-won.
2. "Made in Texas: The Buc-ee's Success Story," *Texas Monthly*, February 26, 2013, https://www.texasmonthly.com/articles/made-in-texas-the-buc-ees-success-story/.
3. Gemma Nisbet, "Beavers Are Better at the World's Biggest Service Station," West Travel Club, July 23, 2017, https://westtravelclub.com.au/stories/biggest-is-better-at-texas-adult-amusement-park.
4. Farnam Street, "The 'Circle of Competence' Theory Will Help You Make Vastly Smarter Decisions," *Business Insider*, December 5, 2013, https://www.businessinsider.com/the-circle-of-competence-theory-2013-12; Fred Nickols and Harvey Bergholz, "The Consultant's Competency Circle: A Tool for Gauging Your Success Potential as an Independent Consultant," *Performance Improvement* 52, no. 2 (2013): 37–41, https://doi.org/10.1002/pfi.21328.
5. Farnam Street, "Understanding Your Circle of Competence: How Warren Buffett Avoids Problems," *Farnam Street* (blog), December 1, 2013, https://fs.blog/2013/12/circle-of-competence/.
6. Tren Griffin, "Charlie Munger on 'Circle of Competence' (the Second Essential Filter)," *25iq* (blog), December 22, 2012, https://25iq.com/2012/12/22/charlie-munger-on-circle-of-competence-the-second-essential-filter.

7. Natalie Clarkson, "Why Did Richard Branson Start an Airline?" Virgin, October 1, 2014, https://www.virgin.com/travel/why-did-richard-branson-start-airline.
8. Ibid.
9. Glen Sanford, "iPhone," Apple-History, https://apple-history.com/iphone; "iPhone History: A Timeline from 2007–2019," History Cooperative, September 14, 2014, https://history cooperative.org/the-history-of-the-iphone.

3. 必要的取舍

1. Mr. Li, interviews with author, Din Tai Fung, Taiwan, August 18, 2017, and July 22, 2018.
2. Benigno E. Aguirre, Dennis Wenger, and Gabriela Vigo, "A Test of the Emergent Norm Theory of Collective Behavior," *Sociological Forum* 13, no. 2 (1998): 301–20, https://link.springer.com/article/10.1023/A:1022145900928.
3. Ha V. Dang and Mi Lin, "Herd Mentality in the Stock Market: On the Role of Idiosyncratic Participants with Heterogeneous Information," *International Review of Financial Analysis* 48 (2016): 247–60, https://doi.org/10.1016/j.irfa.2016.10.005; Scott Cooley, "Technology and the Herd Mentality," *Mortgage Banking* 64, no. 9 (2004): 122–4.
4. Huang, "The Role of Investor Gut Feel in Managing Complexity and Extreme Risk"; Laura Huang, Andy Wu, Min Ju Lee, Jiayi Bao, Marianne Hudson, and Elaine Bolle, *The American Angel: The First In-depth Report on the Demographics and Investing Activity of Individual American Angel Investors* (Wharton Entrepreneurship and Angel Capital Association, November 2017), https://www.angelcapitalassociation.org/data/Documents/TAAReport11-30-17.pdf?rev=DB68; Laura Huang, "A Theory of Investor Gut Feel: A Test of the Impact of Gut Feel on Entrepreneurial Investment Decisions" (PhD diss., University of California, Irvine, 2012).
5. Mary Bellis, "History of the IBM PC," ThoughtCo, May 12, 2019, https://www.thoughtco.com/history-of-the-ibm-pc-1991408.

6. "Asus Company History," *Gadget Reviews* (blog), http://mylaptopyourlaptop.blogspot.com/2012/04/asus-company-history.html; Dan Ackerman, "The Asus Eee PC Family Tree," *CNET*, February 17, 2010, https://www.cnet.com/news/the-asus-eee-pc-family-tree; JerryJ, "Asus Reveals Pricing for the Eee PC Mini Laptop," *Brighthand* (blog), October 18, 2007, http://www.brighthand.com/news/asus-reveals-pricing-for-the-eee-pc-mini-laptop/.
7. Evan Comen, "Check Out How Much a Computer Cost the Year You Were Born," *USA Today*, June 22, 2018, https://www.usatoday.com/story/tech/2018/06/22/cost-of-a-computer-the-year-you-were-born/36156373/; Andrew, "Most Popular Laptops for May 2007," *Notebook Review* (blog), June 4, 2007, http://www.notebook review.com/news/most-popular-laptops-for-may-2007/; Jon Turi, "Gadget Rewind 2007: ASUS Eee PC 4G," *Engadget* (blog), June 1, 2014, https://www.engadget.com/2014/06/01/gadget-rewind-2007-asus-eee-pc-4g.
8. Ryan Raffaelli, "Technology Reemergence: Creating New Value for Old Technologies in Swiss Mechanical Watch-making, 1970–2008," *Administrative Science Quarterly* (2018), 0001839218778505, https://doi.org/10.1177/0001839218778505.
9. Joe Thompson, "For Swiss Watches, America Is Back," *Bloomberg*, July 25, 2018, https://www.bloomberg.com/news/articles/2018-07-25/the-swiss-luxury-watch-slump-in-the-united-states-is-over.
10. Derek Thompson, "How Juicero's Story Set the Company Up for umiliation," *Atlantic*, April 21, 2017, https://www.theatlantic.com/business/archive/2017/04/juicero-lessons/523896/.

4. 有限制才有突破

1. David R. Francis, "Employers' Replies to Racial Names," National Bureau of Economic Research Digest, September 2003, https://www.nber.org/digest/sep03/w9873.html; Alexia Elejalde-Ruiz, "Hiring Bias Study: Resumes

with Black, White, Hispanic Names Treated the Same," *Chicago Tribune*, May 4, 2016, https://www.chicagotribune.com/business/ct-bias-hiring-0504-biz-20160503-story.html; Dina Gerdeman, "Minorities Who 'Whiten' Job Resumes Get More Interviews," HBS Working Knowledge, May 17, 2017, http://hbswk.hbs.edu/item/minorities-who-whiten-job-resumes-get-more-interviews; Sonia K. Kang, Katherine A. DeCelles, András Tilcsik, and Sora Jun, "Whitened Résumés: Race and Self-Presentation in the Labor Market," *Administrative Science Quarterly* 61, no. 3 (2016): 469–502, https://doi.org/10.1177/0001839216639577.

2. Daniel Kahneman and Amos Tversky, "Prospect Theory: An Analysis of Decision Under Risk," in *Handbook of the Fundamentals of Financial Decision Making: Part 1*, ed. Leonard C. MacLean and William T. Ziemba, World Scientific Handbook in Financial Economics Series (Singapore: World Scientific, 2013), 99–127, https://doi.org/10.1142/9789814417358_0006.
3. Arlan Hamilton, personal communication with author, Backstage Capital Crew Meeting, Los Angeles, April 17, 2018.
4. Tara Sophia Mohr, "Why Women Don't Apply for Jobs Unless They're 100% Qualified," *Harvard Business Review*, August 25, 2014, https://hbr.org/2014/08/why-women-dont-apply-for-jobs-unless-theyre-100-qualified.
5. Markus Baer, Kurt T. Dirks, and Jackson A.. Nickerson, "Microfoundations of Strategic Problem Formulation," *Strategic Management Journal* 34, no. 2 (2013): 197–214, https://doi.org/10.1002/smj.2004.
6. "Audi with Most Fuel-Efficient Powertrain at Le Mans," Motorsport.com, June 9, 2014, https://www.motorsport.com/lemans/news/audi-with-most-fuel-efficient-powertrain-at-le-mans/452641/.
7. Joerg Schreiner, "Corporate Incubators: The Good, the Bad and the Ugly," *Co-Shift* (blog), September 7, 2017, https://www.co-shift.com/why-corporate-incubators-fail-at-innovation-transfer/.
8. Amr Kebbi and Dave Valliere, "The Double J-Curve: A Model for Incubated

Start-ups" (11th European Conference on Innovation and Entrepreneurship, Jyvaskyla, Finland, 2016), 371–80, https://www.researchgate.net/publication/309033445_The_Double_J-Curve_A_Model_for_Incubated_Start-ups; Cliff Oxford, "Trouble in Paradise: Why Business Incubators Don't Work," *Forbes*, June 30, 2014, https://www.forbes.com/sites/cliffoxford/2014/06/30/trouble-in-paradise-why-business-incubators-dont-work/#60b0dc164d87; Bridge for Billions, "3 Problems with Traditional Incubators and Accelerators," Medium, July 31, 2016, https://medium.com/bridgeforbillions/3-problems-with-traditional-incubators-and-accelerators-a29354e30564.

9. Joao Sousa, Raquel Meneses, Humberto Ribeiro, and Sandra Raquel Alves, "The Symbiotic Relationship Between Startups and Incubators," in *Economic and Social Development: Book of Proceedings*, ed. Rozana Veselica, Gordana Dukic, and Khalid Hammes, International Scientific Conference on Economic and Social Development (Zagreb, Croatia: Varazdin Development and Entrepreneurship Agency, 2018), 823–34, http://www.esd-conference.com/upload/book_of_proceedings/Book_of_Proceedings_esdZagreb2018_Online.pdf.

5. 训练指数型思维

1. Melissa Jeltsen, "Illinois Will Teach Hairdressers to Recognize Victims of Domestic Violence," *HuffPost* (blog), December 1, 2016, https://www.huffpost.com/entry/illinois-will-teach-hairdressers-to-recognize-signs-of-domestic-violence_n_583f2717e4b09e21702c3122.
2. Gladwell, *Blink*, 10.
3. Gerd Gigerenzer, *Gut Feelings: The Intelligence of the Unconscious* (New York: Penguin Books, 2008).
4. Huang and Pearce, "Managing the Unknowable."
5. Peter Cappelli, "Your Approach to Hiring Is All Wrong," *Harvard Business Review*, May–June 2019, https://hbr.org/2019/05/recruiting; Boris Groysberg, Nitin Nohria, and Claudio Fernández-Aráoz, "The Definitive Guide to

Recruiting in Good Times and Bad," *Harvard Business Review*, May 2009, https://hbr.org/2009/05/the-definitive-guide-to-recruiting-in-good-times-and-bad.

6. Robert D. Costigan and Kyle E. Brink, "On the Prevalence of Linear versus Nonlinear Thinking in Undergraduate Business Education: A Lot of Rhetoric, Not Enough Evidence," *Journal of Management & Organization* 21, no. 4 (2015): 535–47, https://doi.org/10.1017/jmo.2014.86; Bart de Langhe, Stefano Puntoni, and Richard Larrick, "Linear Thinking in a Nonlinear World," *Harvard Business Review*, May–June 2017, https://hbr.org/2017/05/linear-thinking-in-a-nonlinear-world; Mark Bonchek, "How to Create an Exponential Mindset," *Harvard Business Review*, July 27, 2016, https://hbr.org/2016/07/how-to-create-an-exponential-mindset.
7. "The History of Diapers—Disposable & Cloth The History of Diapers," Diaper Jungle, October 1, 2016, https://www.diaper jungle.com/pages/history-of-diapers; Sarah Laskow, "The Woman Who Invented Disposable Diapers," *Atlantic*, October 14, 2014, https://www.theatlantic.com/technology/archive/2014/10/the-woman-who-invented-disposable-diapers/381310.
8. Goethe University Frankfurt, "Smart People Have Better Connected Brains," *ScienceDaily*, November 22, 2017, https://www.sciencedaily.com/releases/2017/11/171122103552.htm.
9. Ted Baker and Reed E. Nelson, "Creating Something from Nothing: Resource Construction Through Entrepreneurial Bricolage," *Administrative Science Quarterly* 50, no. 3 (2005): 329–66, https://doi.org/10.2189/asqu.2005.50.3.329.
10. Sarah Gordon, "Ryanair Confirms It WILL Bring in Charges for Use of On-board Toilets," *Daily Mail*, April 6, 2010, https://www.dailymail.co.uk/travel/article-1263905/Ryanair-toilet-charges-phased-in.html; "Stephen McNamara, spokesperson for the airline, told TravelMail: 'By charging for the toilets we are hoping to change passenger behaviour so that they use the bathroom before or after the flight.'"

11. Tim Clark, "Ryanair Announce Plans to Launch 'Vertical Seats' from Just £4," *Daily Mail*, July 2, 2010, https://www.dailymail.co.uk/travel/article-1291131/Ryanair-launch-vertical-seating-Standing-room-tickets-4.html.
12. George Hobica, president of air farewatchdog.com, said Ryanair is doing this mostly for publicity: "Their CEO loves to get his picture on TV" (Scott Mayerowitz, "Paying to Pee: Have the Airlines Gone Too Far?" ABC News, April 13, 2010, https://abcnews.go.com/Travel/Green/paying-pee-airlines-critics-call-ryanairs-fee-inhumane/story?id=10355139).
13. Leon Festinger, *A Theory of Cognitive Dissonance* (Stanford, CA: Stanford University Press, 1957); Elliot Aronson, "The Theory of Cognitive Dissonance: A Current Perspective," in *Advances in Experimental Social Psychology*, vol. 4, ed. Leonard Berkowitz (New York: Academic Press, 1969), 1–34, https://doi.org/10.1016/S0065-2601(08)60075-1.

6. 情商工具箱

1. Hasan Minhaj, conversation with author and Preet Bharara, Cafe Change Summit, New York, April 26, 2018.
2. T. Bradford Bitterly, Alison Wood Brooks, and Maurice E. Schweitzer, "Risky Business: When Humor Increases and Decreases Status," *Journal of Personality and Social Psychology* 112, no. 3 (2017): 431–55, https://doi.org/10.1037/pspi0000079.
3. A. Peter McGraw and Caleb Warren, "Benign Violation Theory," in *Encyclopedia of Humor Studies*, ed. Salvatore Attardo (Thousand Oaks, CA: Sage Publications, 2014), 75–7; Caleb Warren and A. Peter McGraw, "Opinion: What Makes Things Humorous," *Proceedings of the National Academy of Sciences of the United States of America* 112, no. 23 (2015): 7105–6, https://doi.org/10.1073/pnas.1503836112.
4. Joëlle Vanhamme, "The Surprise-Delight Relationship Revisited in the Management of Experience," *Recherche et Applications en Marketing (Eng-*

lish Edition) 23, no. 3 (2008): 113–38, https://doi.org/10.1177/205157070802300307; Soma Dey, Sanjukta Ghosh, Biplab Datta, and Parama Barai, "A Study on the Antecedents and Consequences of Customer Delight," *Total Quality Management & Business Excellence* 28, nos. 1–2 (2017): 47–61, https://doi.org/10.1080/14783363.2015.1049146; Vincent P. Magnini, John C. Crotts, and Anita Zehrer, "Understanding Customer Delight: An Application of Travel Blog Analysis," *Journal of Travel Research* 50, no. 5 (2011): 535–45, https://doi.org/10.1177/0047287510379162.

5. Nicole Sperling, "How *Crazy Rich Asians* Gave Director Jon M. Chu a Voice," *Vanity Fair*, August 10, 2018, https://www.vanityfair.com/hollywood/2018/08/crazy-rich-asians-director-jon-m-chu.
6. Alyse Whitney, "Dumplings, Kaya Toast, and Chili Crab: Inside the Food of *Crazy Rich Asians*," *Bon Appétit*, August 30, 2018, https://www.bonappetit.com/story/crazy-rich-asians-food-singapore; Kenneth Goh, "Behind the Food in 'Crazy Rich Asians,'" Michelin Guide, August 22, 2018, https://guide.michelin.com/us/en/illinois/chicago/article/features/crazy-rich-asians-movie-food-styling.
7. Shannon Connellan, "Read the Beautiful Letter That Allowed 'Crazy Rich Asians' to Use Coldplay's 'Yellow,'" Mashable, August 19, 2018, https://mashable.com/article/crazy-rich-asians-coldplay.
8. Kat Chow, "If We Called Ourselves Yellow," NPR, September 27, 2018, https://www.npr.org/sections/codeswitch/2018/09/27/647989652/if-we-called-ourselves-yellow.
9. World Entertainment News Network, "Coldplay Almost Didn't Let 'Crazy Rich Asians' Use 'Yellow' Due to Racism Fears," Canoe.com, August 16, 2018, https://canoe.com/entertainment/music/coldplay-almost-didnt-let-crazy-rich-asians-use-yellow-due-to-racism-fears.
10. Julia Emmanuele, "All the Songs in 'Crazy Rich Asians' That You'll Want to Listen to Over & Over Again," *Bustle*, August 25, 2018, https://www.bustle.

com/p/all-the-songs-in-crazy-rich-asians-that-youll-want-to-listen-to-over-over-again-10239631.

11. Laurent Bach, Patrick Cohendet, Julien Pénin, and Laurent Simon, "Creative Industries and the IPR Dilemma Between Appropriation and Creation: Some Insights from the Videogame and Music Industries," *Management International* 14, no. 3 (2010): 59–72, https://doi.org/10.7202/044293ar.

7. 恰到好处的社交

1. Susan Levine, "He Sees Fortune in Chicken Contact Lens," *Chicago Tribune*, November 23, 1989, https://www.chicagotribune.com/news/ct-xpm-1989-11-23-8903120133-story.html; Bruce G. Posner, "Seeing Red," *Inc.*, May 1, 1989, https://www.inc.com/magazine/19890501/5636.html.
2. "Napoleon Bonaparte: Over-Preparation Is the Foe of Inspiration," AZ Quotes, https://www.azquotes.com/quote/1056571.
3. Martin E. Seligman, "On the Generality of the Laws of Learning," *Psychological Review* 77, no. 5 (1970): 406–18, https://doi.org/10.1037/h0029790.
4. J. H. Mandel, E. C. Rich, M. G. Luxenberg, M. T. Spilane, D. C. Kern, and T. A. Parrino, "Preparation for Practice in Internal Medicine: A Study of Ten Years of Residency Graduates," *Archives of Internal Medicine* 148, no. 4 (1988): 853–56; Kazuya Nakayachi, Branden B. Johnson, and Kazuki Koketsu, "Effects of Acknowledging Uncertainty About Earthquake Risk Estimates on San Francisco Bay Area Residents' Beliefs, Attitudes, and Intentions," *Risk Analysis* 38, no. 4 (2018): 666–79, https://doi.org/10.1111/risa.12883.

8. 定位自我

1. Guy Raz, "How a Pitch in a Neiman Marcus Ladies Room Changed Sara Blakely's Life," NPR, September 12, 2016, https://www.npr.org/templates/transcript/transcript.php?storyId=493312213.
2. Francesca Gino, Ovul Sezer, and Laura Huang, "To Be or Not to Be Your

Authentic Self? Catering to Others' Preferences Hinders Performance" (working paper, Harvard Business School, 2016).

3. Aileen Lee, phone conversation with author, July 17, 2017.
4. Aileen Lee, "Welcome to the Unicorn Club: Learning from Billion-Dollar Startups," *TechCrunch* (blog), 2013, http://social.techcrunch.com/2013/11/02/welcome-to-the-unicorn-club/.

9. 掌控外部的声音

1. William James, "The Perception of Reality," in *The Principles of Psychology*, vol. 2 (New York: Henry Holt and Company, 1890), 283–324.
2. Gordon W. Allport, "The Ego in Contemporary Psychology," *Psychological Review* 50, no. 5 (1943): 451–78, https://doi.org/10.1037/h0055375; Shelley Duval and Robert A. Wicklund, *A Theory of Objective Self Awareness* (San Diego: Academic Press, 1972); Paul J. Silvia and T. Shelley Duval, "Objective Self-Awareness Theory: Recent Progress and Enduring Problems," *Personality and Social Psychology Review* 5, no. 3 (2001): 230–41, https://doi.org/10.1207/S15327957 PSPR0503_4; Robert A. Wicklund, "Objective Self-Awareness," in *Advances in Experimental Social Psychology*, vol. 8, ed. Leonard Berkowitz (San Diego: Academic Press, 1975), 233–75, http://www.sciencedirect.com/science/article/pii/S006526010860252X.
3. Isabel Briggs Myers, Mary H. McCaulley, Naomi L. Quenk, and Allen L. Hammer, *MBTI Manual: A Guide to the Development and Use of the Myers-Briggs Type Indicator*, 3rd ed. (Palo Alto, CA: Consulting Psychologists Press, 2003).
4. Robert R. McCrae and Paul T. Costa, "Reinterpreting the Myers-Briggs Type Indicator from the Perspective of the Five-Factor Model of Personality," *Journal of Personality* 57, no. 1 (1989): 17–40.
5. John M. Digman, "Personality Structure: Emergence of the Five-Factor Model," *Annual Review of Psychology* 41, no. 1 (1990): 417–40, https://doi.

org/10.1146/annurev.ps.41.020190.002221; Boele De Raad, *The Big Five Personality Factors: The Psycholexical Approach to Personality* (Ashland, OH: Hogrefe & Huber, 2000); Jerry S. Wiggins, ed., *The Five-Factor Model of Personality: Theoretical Perspectives* (New York: Guilford Press, 1996); John A. Johnson, "Clarification of Factor Five with the Help of the AB5C Model," *European Journal of Personality* 8, no. 4 (1994): 311–34, https://doi.org/10.1002/per.2410080408; Colin G. DeYoung, Lena C. Quilty, and Jordan B. Peterson, "Between Facets and Domains: 10 Aspects of the Big Five," *Journal of Personality and Social Psychology* 93, no. 5 (2007): 880–96, https://doi.org/10.1037/0022-3514.93.5.880; Colin G. DeYoung, Bridget E. Carey, Robert F. Krueger, and Scott R. Ross, "Ten Aspects of the Big Five in the Personality Inventory for *DSM-5*," *Personality Disorders* 7, no. 2 (2016): 113–23, https://doi.org/10.1037/per0000170; Michael C. Ashton, Kibeom Lee, Lewis R. Goldberg, and Reinout E. de Vries, "Higher Order Factors of Personality: Do They Exist?" *Personality and Social Psychology Review* 13, no. 2 (2009): 79–91, https://doi.org/10.1177/1088868309338467.

6. Judy Garland, "Judy Garland Quotes," BrainyQuote, https://www.brainyquote.com/quotes/judy_garland_104276.
7. D. Scott DeRue, Susan J. Ashford, and Natalie C. Cotton, "Assuming the Mantle: Unpacking the Process by Which Individuals Internalize a Leader Identity," in *Exploring Positive Identities and Organizations: Building a Theoretical and Research Foundation*, ed. Laura Morgan Roberts and Jane E. Dutton, Organization and Management Series (New York: Psychology Press, 2009).
8. Ashley Edwards, conversations with author, April 26, 2018, and May 16, 2018.
9. Allen R. McConnell, "The Multiple Self-Aspects Framework: Self-Concept Representation and Its Implications," *Personality and Social Psychology Review* 15, no. 1 (2011): 3–27, https://doi.org/10.1177/1088868310371101.

10. David M. Buss and Michael F. Scheier, "Self-Consciousness, Self-Awareness, and Self-Attribution," *Journal of Research in Personality* 10, no. 4 (1976): 463–68, https://doi.org/10.1016/0092-6566 (76)90060-X; Fred Rothbaum, John R. Weisz, and Samuel S. Snyder, "Changing the World and Changing the Self: A Two-Process Model of Perceived Control," *Journal of Personality and Social Psychology* 42, no. 1 (1982): 5–37.

11. William James, *The Principles of Psychology*, vol. 1 (New York: Henry Holt and Company, 1890), 294.

12. Herbert Blumer, *Symbolic Interactionism: Perspective and Method* (Berkeley, CA: University of California Press, 1986); Joel M. Charon, *Symbolic Interactionism: An Introduction, an Interpretation, an Integration* (Englewood Cliffs, NJ: Prentice-Hall, 1979), https://trove.nla.gov.au/version/45014982.

13. Ashton Kutcher, conversation with author, Wharton Social Impact Initiative's Lauren and Bobby Turner Social Impact Executive Speaker Series, Philadelphia, October 10, 2013.

10. 扭转舆论

1. Mark Snyder, Elizabeth Decker Tanke, and Ellen Berscheid, "Social Perception and Interpersonal Behavior: On the Self-fulfilling Nature of Social Stereotypes," *Journal of Personality and Social Psychology* 35, no. 9 (1977): 656–66, http://dx.doi.org/10.1037/0022-3514.35.9.656; Penelope J. Oakes, S. Alexander Haslam, and John C. Turner, *Stereotyping and Social Reality* (Oxford, UK: Black-well, 1994).

2. Irene V. Blair and Mahzarin R. Banaji, "Automatic and Controlled Processes in Stereotype Priming," *Journal of Personality and Social Psychology* 70, no. 6 (1996): 1142–63, https://doi.org/10.1037/0022-3514.70.6.1142; Anthony G. Green-wald, Mahzarin R. Banaji, and Brian A. Nosek, "Statistically Small Effects of the Implicit Association Test Can Have Societally Large Effects," *Journal of Personality and Social Psychology* 108, no. 4 (2015): 553–61,

https://doi.org/10.1037/pspa0000016.

3. Cyrus Habib, interview with moderators, Cafe Change Summit, New York, April 26, 2018.
4. Ibid.
5. Mike Baker, "Life Story Drives Blind Lawmaker," *Seattle Times*, March 10, 2013, https://www.seattletimes.com/seattle-news/life-story-drives-blind-lawmaker/.
6. Alyson Shontell, "Startup Titan Paul Graham Explains Why He Said Founders with Thick Accents Get Worse Results," *Business Insider*, August 27, 2013, https://www.businessinsider.com/paul-graham-on-startup-founders-with-thick-foreign-accents-2013-8.
7. Huang, Frideger, and Pearce, "Political Skill."
8. Elizabeth S. Focella, Meghan G. Bean, and Jeff Stone, "Confrontation and Beyond: Examining a Stigmatized Target's Use of a Prejudice Reduction Strategy," *Social & Personality Psychology Compass* 9, no. 2 (2015): 100–14, https://doi.org/10.1111/spc3.12153; Patricia G. Devine, "Stereotypes and Prejudice: Their Automatic and Controlled Components," *Journal of Personality and Social Psychology* 56, no. 1 (1989): 5–18, https://doi.org/10.1037/0022-3514.56.1.5; James L. Hilton and William von Hippel, "Stereotypes," *Annual Review of Psychology* 47, no. 1 (1996): 237–71, https://doi.org/10.1146/annurev.psych.47.1.237; Crystal Fleming, Michèle Lamont, and Jessica Welburn, "African Americans Respond to Stigmatization: The Meanings and Salience of Confronting, Deflecting Conflict, Educating the Ignorant and 'Managing the Self,'" *Ethnic and Racial Studies* 35, no. 3 (2012): 400–17.
9. Alexander M. Czopp, Margo J. Monteith, and Aimee Y. Mark, "Standing Up for a Change: Reducing Bias Through Interpersonal Confrontation," *Journal of Personality & Social Psychology* 90, no. 5 (2006): 784–803, https://doi.org/10.1037/0022-3514.90.5.784.
10. John Szramiak, "Here's a 10 Point Plan to Invest like Charlie Munger,"

Business Insider, October 26, 2016, https://www.businessinsider.com/10-point-plan-to-invest-like-charlie-munger-2016-10.

11. Alexandra Stevenson and Kate Kelly, "Men Bet She Would Fail; Now She Runs a $26 Billion Fund," *New York Times*, April 8, 2017, https://www.nytimes.com/2017/04/08/business/dealbook/george-soros-dawn-fitzpatrick-american-stock-exchange.html; Dawn Fitzpatrick, interview by S. Ruhle and M. Miller, *Bloomberg Television*, June 26, 2014; Julie Segal, "Dawn Fitzpatrick Leaves UBS for Soros CIO Job," *Institutional Investor*, February 1, 2017, https://www.institutionalinvestor.com/article/b1505q22yk2j2m/dawn-fitzpatrick-leaves-ubs-for-soros-cio-job.
12. Ibid.
13. David Willer, Michael J. Lovaglia, and Barry Markovsky, "Power and Influence: A Theoretical Bridge," *Social Forces* 76, no. 2 (1997): 571–603, https://doi.org/10.1093/sf/76.2.571; Linda L. Carli, "Gender, Interpersonal Power, and Social Influence," *Journal of Social Issues* 55, no. 1 (1999): 81–99, https://doi.org/10.1111/0022-4537.00106; Huang and Knight, "Resources and Relationships in Entrepreneurship."
14. Steven L. Blader and Ya-Ru Chen, "Differentiating the Effects of Status and Power: A Justice Perspective," *Journal of Personality and Social Psychology* 102, no. 5 (2012): 994–1014, https://doi.org/10.1037/a0026651.
15. Harold H. Kelley and John W. Thibaut, *Interpersonal Relations: A Theory of Inter-dependence* (New York: John Wiley & Sons, 1978).

11. 巩固你的优势

1. Huang, "A Theory of Investor Gut Feel."
2. Melissa S. Cardon, Joakim Wincent, Jagdip Singh, and Mateja Drnovsek, "The Nature and Experience of Entre-preneurial Passion," *Academy of Management Review* 34, no. 3 (2009): 511–32, https://doi.org/10.5465/AMR.2009.40633190.
3. Xiao-Ping Chen, Xin Yao, and Suresh Kotha, "Entrepreneur Passion and

Preparedness in Business Plan Presentations: A Persuasion Analysis of Venture Capitalists' Funding Decisions," *Academy of Management Journal* 52, no. 1 (2009): 199–214, https://doi.org/10.5465/amj.2009.36462018; Robert A. Baron, "The Role of Affect in the Entrepreneurial Process," *Academy of Management Review* 33, no. 2 (2008): 328–40; Antonio Damasio, "Feelings of Emotion and the Self," *Annals of the New York Academy of Sciences* 1001, no. 1 (2003): 253–61, https://doi.org/10.1196/annals.1279.014; Norbert Schwarz and Gerald L. Clore, "Mood as Information: 20 Years Later," *Psychological Inquiry* 14, nos. 3–4 (2003): 296–303, https://doi.org/10.1080/1047840X.2003.9682896.

4. Thomas Gilovich, Victoria Husted Medvec, and Kenneth Savitsky, "The Spotlight Effect in Social Judgment: An Egocentric Bias in Estimates of the Salience of One's Own Actions and Appearance," *Journal of Personality and Social Psychology* 78, no. 2 (2000): 211–22; Thomas Gilovich and Kenneth Savitsky, "The Spotlight Effect and the Illusion of Transparency: Egocentric Assessments of How We Are Seen by Others," *Current Directions in Psychological Science* 8, no. 6 (1999): 165–68, https://doi.org/10.1111/14678721.00039; Thomas Gilovich, Justin Kruger, and Victoria Husted Medvec, "The Spotlight Effect Revisited: Overestimating the Manifest Variability of Our Actions and Appearance," *Journal of Experimental Social Psychology* 38, no. 1 (2002): 93–99, https://doi.org/10.1006/jesp.2001.1490.
5. Hannah-Hanh Nguyen and Ann Marie Ryan, "Does Stereotype Threat Affect Test Performance of Minorities and Women? A Meta-Analysis of Experimental Evidence," *Journal of Applied Psychology* 93, no. 6 (2008): 1314–34, http://dx.doi.org/10.1037/a0012702.

12. 规划自己的发展轨迹

1. Barry Yeoman, "Academic Apprentices: Still an Ideal?" *Barry Yeoman: Journalist* (blog), May 1, 1999, https://barryyeoman.com/1999/05/academic-apprentices-still-an-ideal/; Karen Forbes, "The PhD Experience as an App-

renticeship into Academia," *FERSA University of Cambridge Blog*, March 9, 2018, https://fersacambridge.com/2018/03/09/the-phd-experience-as-an-apprenticeship-into-academia.

2. Daniel Bertaux and Martin Kohli, "The Life Story Approach: A Continental View," *Annual Review of Sociology* 10, no. 1 (1984): 215–37, https://doi.org/10.1146/annurev.so.10.080184.001243; Stephanie Taylor and Karen Littleton, "Biographies in Talk: A Narrative-Discursive Research Approach," *Qualitative Sociology Review* 2, no. 1 (2006): 22–38.
3. Dave Dahl, conversation with author, ENIAC VC M1 Summit, San Francisco, November 15, 2016.
4. Lolly Daskal, "How to Be More Resilient When Things Get Tough," *Inc.*, April 9, 2015, https://www.inc.com/lolly-daskal/how-to-be-more-resilient-when-things-get-tough.html.